梦山书系

一年级
带班手册

管建刚　张怡　张小玲　等著

海峡出版发行集团 | 福建教育出版社

图书在版编目（CIP）数据

一年级带班手册/管建刚等著. —福州：福建教育出版社，2025.8（2025.9重印）. —ISBN 978-7-5758-0638-1

Ⅰ.G622.421

中国国家版本馆 CIP 数据核字第 2025TP9477 号

Yinianji Daiban Shouce

一年级带班手册

管建刚　张怡　张小玲　等著

出版发行	福建教育出版社
	（福州市梦山路 27 号　邮编：350025　网址：www.fep.com.cn）
	编辑部电话：0591-83779615　83726908
	发行部电话：0591-83721876　87115073　010-62024258）
出 版 人	江金辉
印　　刷	福建省地质印刷厂
	（福州市金山工业区　邮编：350011）
开　　本	710 毫米×1000 毫米　1/16
印　　张	18
字　　数	266 千字
插　　页	2
版　　次	2025 年 8 月第 1 版　2025 年 9 月第 2 次印刷
书　　号	ISBN 978-7-5758-0638-1
定　　价	49.00 元

如发现本书印装质量问题，请向本社出版科（电话：0591-83726019）调换。

序1

我居然做到了心平气和教一年级

江苏　张　怡

　　第一周的习课堂新生入学常规训练课，我们正复习口令"拿出武器，准备战斗"，小何同学大叫"我没有铅笔"，我走过去轻声问："你的铅笔呢？"他说笔袋在书包里，转身就要走到后面的书包柜，我制止道："现在已经上课了，不能再去拿了！"我继续带着同学们复习口令，小何突然冲向了书包柜，边拿边吼："你听不懂我在说什么吗？"眼泪哗哗地下来了，哭声也越来越响。回到座位上，小何把笔袋狠狠地往地上一扔，大声地哭叫。我静静地看着他，两只手搭在他的肩膀上说道："你平复一下心情，哭的声音轻一点，可以吗？"他还是老样子。"等你心情平复好了，不哭了，张老师会给你敲一个章。"他立刻朝我望了望，不再嘶吼了，"如果心情调整好了，还能坐端正了，张老师再给你敲一个章"。他的哭声逐渐减轻。就这样，我们继续复习口令，小何在座位上调整情绪。

　　认完田字格，学生要辨一辨田字格里的四个字写的位置对不对，我看到一双小手举起来了，那是小何，我请他，他大声回答："不对，因为这个字碰到了两边的墙壁。"我请全班小朋友把掌声送给他，并在他的书上敲上了一个大拇指，表扬道："小何现在已经完全调整好了情绪，回答的声音非常响亮。"他坐下去时，我看到他的两只小手平平地放在桌面上，于是又走过去给他重重敲上了一个激励章，并表扬道："小何不仅调整好了情绪，还坐端正了，老师真为他感到开心。"

　　以往的我肯定会大吼几声，再不听一把抓到教室外面，这次这么平静地过去了，还给小何敲了奖章，回想起来都觉得自己像变了一个人。我是怎么做到的呢？

第一，习课堂改变了我对师生关系的认知。

以往的课上，老师是知识的传授者，学生是知识的接收者，在这样的角色中，老师是至高无上的"权威"，"学生听老师"那是天经地义，一切违背老师指令的行为都是对老师"权威"的一种挑衅。所以当学生出现不良行为时，我们第一反应就是去制止，通过吼叫、惩罚来捍卫自己的权威。就像我一开始的处理，原有的惯性出来了。但我马上意识到了自己的问题，因为做了习课堂，我经常会从学生的角度去想一想。一年级孩子刚从幼儿园上来，规则意识还不是很强，他们不知道课上哪些事可以做，哪些事不可以做，小何同学不理解为什么上课没有铅笔，不能到后面去拿。他觉得这是老师对他的无视，所以会生气，所以才有了后面的一系列行为。"不良行为"背后是"不良情绪"，要改变"不良行为"，首先要做的是消除"不良情绪"，情绪调整好了，等到课后再告诉他这是上课的规矩，他也就欣然接受了。

第二，习课堂改变了我对"表扬"的看法。

以往，我们都认为好的行为要表扬，不好的行为要批评，只有批评才能让"不好"的行为变"好"。这不是变好，而是压制。习课堂表扬要用"好的行为"覆盖"不好的行为"，让不好的行为朝着好的行为转变。看到学生趴着写字，我就表扬坐姿端正的同学，给他们书上重重地敲上一个激励章，或者走到那位趴着写字的学生身边，表扬他"一看到老师走过来，就挺直了身板"，这些表扬都能让原本趴着写字的学生自觉地挺直身板，通过表扬给予信心，让他自发地想要"变好"。以往，我们的表扬主要围绕学习成绩，做对了表扬，回答正确了表扬，习课堂的表扬不局限于此，学习习惯、学习态度、精神品质等都是表扬的内容。管建刚老师曾说："老师表扬的方向就是学生努力的方向。"我们想要学生做到什么，就往这方面表扬。案例中的小何同学，我想要他能够调整好情绪，我就用激励章作为奖励，"平复好心情了可以获得一个章，平复好心情能坐端正再敲一个章"，我到现在还清晰记得我说这句话时，小何那惊异的神情，他当时肯定在想：这样就能拿到章吗？我要拿到这个章!

第三,习课堂改变了我的"时间"观念。

以往上课虽有教案,但我还是会随心所欲地上,上到哪是哪,这节课没讲完,下节课继续讲,反正上课时间总能挤出来的。课上学生出现不良行为,马上批评、教育,时间就这么浪费掉了,上课热情就这么消磨掉了。习课堂不一样,每个环节都有固定的时间,任务一10分钟左右,任务二8分钟左右,任务三12分钟左右,任务四10分钟左右,只要哪个环节出现了点问题,四个任务就来不及完成,上课效率就打折扣,因为任务二的"习"和任务一的"读"密切相关,任务四的"习"和任务三的"读"密切相关,如果任务四没有及时完成,放到下节课去写,那正确率肯定下降,因为研究表明,"读"了马上"习"的效果是最好的。习课堂上,我知道我的每一句废话,每一个跟上课无关的行为,浪费的都是宝贵的课堂时间,都是以牺牲课堂效率为代价的。所以,我看到小何同学的行为想要发火,但马上忍住了,我知道我一旦吼叫或做出一些情绪化的行为,课就没法正常上下去,课堂任务就会完不成。

习课堂上,老师和学生是为了实现同一目标的"战友"。学生是这场"战斗"的主角,是执行者;老师是为了能让学生"打胜仗"的组织者、激励者和管理者。两者对抗、对立,怎么可能"打胜仗"呢?我越想越是心平气和。我居然做到了心平气和地教一年级了。

序2

一年级，我不再焦虑

甘肃　张小玲

得知要教一年级，我很焦虑。开学后发现一切焦虑都是多余的。因为有习课堂。

第一，习课堂，立规矩。

一年级新生，往往你教什么，他们依葫芦学成什么。所以，立规矩很重要、很重要、很重要！规矩如何立？习课堂新生常规训练课程来帮忙。

1. 学口令，练口令，用口令。习课堂有简单的万能口令：师"说看小明——"，生接答"就看小明"，"说看黑板、就看黑板""说看倒计时、就看倒计时"。还有简洁明了的口令："小眼睛、看老师""小身板、挺起来""时间到、轻轻放"……一年级小朋友好动，怎么办？学口令加动作。喊口令有动静了，开小差的注意力拉回来了。刚开始用万能口令，后面再加入别的口令。喊口令的次数从最初的一两分钟喊一次，到后面三五分钟喊一次。

2. 练指读，练音量，练语速。一年级指字手势、指字位置、指字速度都要教，都要镜面示范。小皓读书很卖力，声音响亮。小芮性格内向，读书声音小。读书音量高低不齐，怎么办？示范。老师示范，同伴示范。小宸坐姿端正、音量适中，请他当小老师。小扬认字快，读书速度很快。小博啥字都不认识，要按着手指一个字一个字往外蹦。读书速度不一，齐读是个问题，怎么办？请小扬当小博的小老师，让快的同学慢一点，让慢的同学加快。怎么教？习课堂说示范是最好的教。

3. 教认题，教做题，教检查。教孩子们认识任务单，任务单上的四个任务，教认页码、认大题、认小题，认抄写题、连线题、判断题、填序号题，一年级无大事。然后教做题。一年级小朋友不知道答案写在哪里？怎么写？写多大？都要示范，都要练习。抄写前要认真观察范字，连线题要做到"不多连，不少连"。小朋友不知道什么叫检查，读了《家常课金点子》，许慧敏老师的直尺检查法简单、好用……

有规矩就是有教养，立规矩就是立德树人。一年级重在课堂规矩和学习规矩，这两个规矩好了，学习效率自然高。

第二，习课堂，育习惯。

每一节习课堂都要训练学生的7个好习惯——

1. 一边抄一边记的习惯。一年级小朋友抄写词语，第一遍看范字抄写，范字怎么写就学着怎么写；第二遍默写，要求用橡皮压住范字，培养瞬间记忆的能力。小杨不当回事，每次口令"一遍抄，二遍默"，他我行我素。当堂的"默一默"，他总有错。一次错，两次错，三次错后，他终于"一遍抄，二遍默"了，再没出过错。

2. 一边读一边记的习惯。新转来的小柯不知道"看书不作业，作业不看书"。读书时她看看左边同学，看看右边同学，再抬头看看老师。到任务二和任务四，她犯难了。两周后她适应了，任务单正确率逐渐提高。管建刚老师说"能力要一天天地练，习惯要一天天地培育"，确实如此。

3. 有效利用零碎时间的习惯。任务一和任务三的自由读，要求"时间不到，朗读不停"，任务二和任务四的"写"，提前完成的读背奖励题，不浪费一秒钟。每一节课都在一次又一次地用好零碎时间，久而久之，大家的时间观念不一样了。

4. 独立作业、快速作业的习惯。训练作业速度的最好方法是限时作业。小伟写字速度超慢，铃声响后，看到自己的任务没有完成，一脸落寞。一天，两天，一月，两月，第三个月他竟然在规定时间内完成任务了。过程中的组织、管理、激励必不可少，习课堂说了，老师的主导性就体现在组织、管理、激励上。

5. 抗干扰的做事习惯。规定时间内先完成任务二、任务四的学生，要大声背诵奖励题。一可以用好零碎时间,二可以告诉速度慢的学生已有人完成任务,三可以培养还在答题的学生的抗干扰能力。只要具有抗干扰能力,什么地方都可以是学习的好地方。

6. 不拿腔捏调的读书习惯。小皓和小晨经常唱读,只要不唱读我就点赞。小颖读书干脆利落,请她当领读员。小欣发音不准,只要读正确就盖激励印章。小东、小辰、小心、小伟读书慢,只要读流利就表扬。加上我随时像说话那样示范读,一学期下来,他们不拿腔捏调了。

7. 课前充分准备的习惯。课前没有做好准备,一定会浪费课堂时间,降低课堂效率。语文书、任务单前后夹好磁性书签。铅笔两支,笔尖朝右放笔槽,橡皮叠放到直尺上右上角……准备充分了,课堂顺畅了,效率提高了。

什么是教育?叶圣陶说就是养成良好的习惯。习惯怎么培养?天天如此、课课如此,没有捷径。习课堂就是这么做的。

第三,习课堂,夯基础。

基础不牢,地动山摇。语文的基础就是读、背、写。习课堂注重基础,把每节课的70%的时间还给每一个学生读、背、写。

1. 读书八不。习课堂要求学生每一篇课文做到"读书八不",即不多字、不漏字、不错字、不磕绊、不回读、不卡顿、不读破、不拖调。习课堂上,多的是自由读、齐读、合作读,每一个学生都有近半节课的读书时间,一篇课文两课时那就有三四十分钟的读书时间。学生读书,老师干吗?辅导读书困难的学生。习课堂团队调查显示,低年级能做到"读书八不"的学生只有35%,中年级不到15%,高年级不到10%。习课堂相信基础,相信"书读百遍,其义自见"的中国传统母语教育经验。有了任务一和任务三充分地读,任务二和任务四的"答"也就没多大问题了。

2. 当堂作业。一年级当堂作业,每一个字都在老师的眼皮底下写出来,字迹自然有进步。一年级当堂作业,老师还能教会学生读题。第一学期前两个月需要老师读题,学完拼音后我一般不读题,小朋友自己读题、自己审题。期末考试外校的监考老师惊讶极了:"监考这么多年我都没有遇到过——你们的学生竟然不读题就已经自己在答题了。怎么做到的?"

3."三用"任务单。任务单是习课堂的重要工具之一。学生有了任务单，便知道这一节课要完成哪些学习任务。学生有了明确的自己要完成的学习任务，开小差自然变少了。任务单还可以用来预习，任务单变成了预习单。完成后的任务单还可以用来复习，任务单又变成了复习单。课前预习，课中当堂检测，课后复习巩固。用好任务单，学习效率看得见，摸得着。

习课堂要求"课上紧张，课后轻松"。"上班紧张，下班轻松"，人生不也是这个样子吗？于是，我这个体育出身的语文老师，我们这个"零基础"的小白班，居然拿了全学区语文教学质量的第一名。

前言

习课堂就是家常课

管建刚

福建教育出版社出版了我们的"家常课"系列《家常课十讲》《家常课问诊》《家常课金点子》《家常课对谈》《家常课报道》《线上家常课》，《一年级带班手册》也属这个系列。

家常课和习课堂是什么关系？习课堂是家常课的一种形态。在我们的话语体系里，家常课和习课堂基本是同一个意思。

习课堂是什么？

1. 变革学习方式。

"语文"的"语"是口语，"语文"的"文"是书面语。口语的主要学习方式是听说，书面语的主要学习方式是读写。华东师范大学杨晓哲团队的报告，中小学的阅读课、作文课 80% 的时间是听说，20% 的时间是读写。那几乎是用学口语的方式在学书面语。习课堂就是要从"听说为主"的语文课转为"读写为主"，把 70% 的课堂时间还给每一个学生读背写。

2. 课堂管理。

习课堂认为，人多的地方管理是第一生产力。"课堂管理"不等于"管纪律"。管纪律的特点是：被动、浪费时间、制造师生矛盾、临时性的；课堂管理的特点是：主动、节约时间、和谐师生关系、预设的。管理的目的是秩序而有活力。习课堂上的课堂管理口令、课堂管理手势、课堂激励印章、习课堂表扬、习课堂 Q 币激励系统，正是为了实现这一管理目标。

3. 时间管理。

减负的本质是减出学生可以自主支配的课余时间。习课堂主张"课上紧张、课后轻松",课上的每一分每一秒管好、用好,课上完成的学习任务多了,课后的作业负担自然就少了。习课堂上,40分钟里会使用5~8次的倒计时;习课堂上,不再说"自由读课文",而说"自由读课文4分钟";习课堂上,每一次动笔写的任务,都使用倒计时,时间到全部停笔,没写完的算错,为的是培养学生的时间意识、时间观念,时间意识、时间观念上去了,效率就上去了。在这个网速越来越快的时代里,时间商是现代人的重要素养。

4. 任务驱动。

习课堂认为,课堂是每一个学生完成学习任务的地方。什么是学习任务?用每一个小学生都听得懂的词语来讲,那就是"作业"。"学习任务"的内涵当然要比"作业"丰富得多,然而对学生来讲,"作业"是"学习任务"中最现实、最刚需的部分。读熟课文、背诵要求背的内容、记住该记的知识点、抄写默写、课后思考题、概括、重点句重点段的理解,这些都属于"刚需学习任务",教师上课的首要任务是给每一个学生明确的"刚需学习任务"。怎样算明确呢?每一个学生手上都有一张需要一项项完成的"学习任务单"。教师的备课重点不再是自己的教学任务,而是备学生的学习任务。开发小学语文第1~12册"家常课任务单"正是在这一指导思想下展开的。

"课堂纪律好一点,回家作业少一点,考试成绩好一点。"这是习课堂的朴素追求。课堂纪律好了,课上每一个学生就能多完成一点学习任务,回家的学习任务就可以少一点。每一个学生在课上、在老师眼皮底下完成的学习任务,可以保证它的独立性和有效性,由此能促进教学质量的提升。因为中后等学生的回家作业质量的独立性很难得到保证,而面广量大的中后等学生决定了整体教学质量的高下。

2023年,我们开发了一年级新生衔接课程——习课堂新生常规训练课程,受到了习课堂联盟校和实验班的广泛好评。其核心就是课堂管理。

"管好"一年级小朋友比"教好"一年级朋友更重要。

"管好"是"教好"的前提。

两年来，我们着力关注一年级习课堂的建设与推进，《一年级带班手册》里的每一点都是一线老师的实践干货。它对一年级习课堂教师有很强的指导价值，对其他一年级老师也有着很好的借鉴意义。

目 录

第一章 学口令（上）
新生入学练哪些口令？ /1
怎么练课前准备口令？ /5
怎么练"师生问好"？ /8
怎么练"结课口令"？ /11

第二章 学口令（下）
一年级练口令注意什么？（1） /14
一年级练口令注意什么？（2） /17
老口令怎么喊出新味道？ /20
一年级口令如何与时俱进？ /22

第三章 学排队
排队慢、闹、乱，怎么办？ /25
排队找不到站位，怎么办？ /28
一年级排队后怎么走好路？ /31
上下楼梯可以秩序井然吗？ /33

第四章 学自理（上）
幼小衔接最应"接"什么？ /35
一年级如何选用学习用品？ /38
一年级上厕所要注意什么？ /40

一年级怎样保持个人卫生？　/44
　　一年级怎样保持教室干净？　/46

第五章　学自理（下）
　　一年级如何保持桌椅整齐？　/49
　　一年级如何整理书包和抽屉？　/52
　　一年级新生如何学会吃饭？　/55
　　一年级如何选用"领读员"？　/58
　　一年级可以有哪些小老师？　/63

第六章　学翻书
　　一年级新生翻书为什么慢？　/65
　　一年级新生怎么听懂翻书要求？　/69
　　一年级新生如何做到翻书1秒？　/71
　　翻书训练的注意点有哪些？　/73

第七章　学读书（上）
　　一年级怎么练"指读课文"？　/75
　　一年级怎么读PPT上的题目？　/77
　　一年级怎么"同桌互相读"？　/79
　　一年级怎么练"边读边记"？　/82
　　一年级怎么抓"读书八不"？　/84

第八章　学读书（下）
　　如何治一年级读书拖调？（1）　/86
　　如何治一年级读书拖调？（2）　/90
　　如何治一年级读书拖调？（3）　/92
　　一年级如何实现"0"拖调？　/94

第九章　学拼音（上）
新生怎么"倒读"四声？　/96
新生怎么区分"双胞胎"？　/99
学韵母怎么"手脑并用"？　/101
拼读音节怎么读准声调？　/104

第十章　学拼音（下）
怎么用好任务单教拼音？　/106
怎么让新生"用"拼音？　/108
家长怎么帮孩子学拼音？　/110
怎么缓解新生家长焦虑？　/112

第十一章　学效率（上）
一年级如何克服齐读不齐？　/115
一年级如何提高背书速度？　/119
一年级如何提升专注力？　/122
一年级如何完成四个任务？（1）　/125

第十二章　学效率（下）
一年级如何完成四个任务？（2）　/127
一年级如何完成四个任务？（3）　/131
一年级做好哪些提升效率？　/134
一年级如何做到没人开小差？　/138

第十三章　学积极（上）
如何让一年级小朋友积极起来？　/140
怎么表扬一年级小朋友更积极？（1）　/142

怎么表扬一年级小朋友更积极？（2） /145

怎样盖章一年级小朋友更积极？ /149

第十四章　学积极（下）

如何兑换 Q 币孩子更积极？ /151

什么奖品可以燃爆一年级？ /154

精神与物质如何有效平衡？ /156

Q 币如何助力好习惯培养？ /159

一年级课堂小游戏怎么玩？ /161

第十五章　学写作业（上）

一年级有哪些作业规矩？ /164

一年级学生如何画直线？ /167

一年级学生如何写好字？（1） /169

一年级学生如何写好字？（2） /173

第十六章　学写作业（下）

一年级学生如何写好字？（3） /175

一年级学生如何用橡皮？ /178

一年级如何提高写字速度？ /180

一年级学生如何检查作业？ /184

第十七章　学交作业

一年级作业本为啥贴彩条？ /186

一年级作业本怎么贴彩条？ /189

一年级小朋友怎么交作业？ /191

一年级怎么培养作业小组长？ /193

第十八章　学订正

一年级有哪些订正要求？　/195
一年级的作业怎么批改？　/197
一年级作业讲评几步走？　/201
一年级的错题该怎么讲？　/204
怎么才能"读"出答案？　/208

第十九章　学预习

一年级如何学标自然段？　/210
一年级上学期预习什么？　/212
一年级下学期预习什么？　/214
一年级如何预习任务单？　/216
一年级如何用预习小老师？　/222

第二十章　学理解

一年级孩子为什么不听话？　/224
一年级孩子为什么会反常？　/228
怎么说话一年级孩子才听？　/231
老师如何修炼情绪自控力？　/235

附：习课堂新生训练课程

第一天　学口令　/238
第二天　认书　认页码　画直线　/244
第三天　认课文　认生字表　学读书　/250
第四天　翻任务单　找题目　认题型　/254
第五天　认田字格　学用橡皮　课前课后常规　/262

后记　打开一年级"黑箱"　/267

第一章　学口令（上）

习课堂开发了一年级新生入学训练课程。开学第一周练口令、练常规，磨刀绝不耽误砍柴工。一年级新生练哪些口令？一年级新生练口令要注意什么？老口令怎么喊出新味道？如何变着花样用口令？本章告诉你。

新生入学练哪些口令？

【管建刚】

一年级最难的是管课堂纪律。开学半个月，一年级老师的嗓子沙哑了，因为总靠嗓子去管。一年级适合用口令去管理。张小玲老师的一年级新生入学要练好的 10 条口令，好用。

张小玲：一年级新生口令小视频

【张小玲】

一年级的小朋友不知道怎么坐正，不知道要看黑板、看屏幕，不知道耳朵要仔细听，不知道读书要响亮，不知道身板要挺直……一堂课不断提醒，不但浪费时间，老师也成了啰嗦老太婆。怎么破解呢？口令！简洁、清楚还互动，学生不仅知道该怎么做，而且马上起到管理课堂的功效。

1. 坐姿口令：说坐正——就坐正。

师：说、坐、正！

生：就、坐、正！

要求：说"就"字，跺脚一次；说"坐"字，双手击掌一次；说"正"字，双臂打开叠放桌面，左下右上，一次喊1—2遍。

注意：喊口令的目的是调整动作，口令训练要配上清楚的动作。

2. 看向口令：小眼睛——看黑板/看屏幕

师：小、眼、睛！

生：看、黑、板！

要求：说"看"字，双脚跺地一次；说"黑"字，双手击掌一次；说"板"，双臂叠放桌面，左下右上，眼睛看黑板。"看屏幕"的操作同上。

3. 听讲口令：小耳朵——仔细听。

师：小、耳、朵！

生：仔、细、听！

要求：说"仔"字，双手击掌一次；说"细"字，双手再次击掌一次；说"听"字，双臂叠放于桌面，左下右上，眼睛看老师。

4. 自由读口令：左手压书——右手指字。

师：左手压书！

要求：学生把左手手掌压在语文书上。

生：右手指字！

要求：说"右手"时，右手伸出食指；说"指字"时，右手食指指到书本上要求的位置，抬头看屏幕，等待老师说"开始"。

5. 倒计时口令：时间到——坐端正。

师：时、间、到！

生：坐、端、正！

要求：说"坐"字，击掌一次；说"端"字，再击掌一次；说"正"字，双臂打开，左臂在下，右臂在上，坐端正。一次喊1—2遍。

6. 打开书本口令：打开语文书——迅速打开。

师：打、开、语、文、书！

生：迅、速、打、开！

要求：说"迅"字，双手拿书；说"速"字，双手夹语文书，两个大拇指按住磁性书夹的位置；说"打"字，打开语文书，并垂直敲击桌面；说"开"字，语文书放在桌子中间，并快速双臂叠放坐端正，等待下一个指令。一般喊1遍。

注：一年级建议使用磁性书夹，可以有效帮助孩子快速翻书。

7. 换书口令：合上语文书/任务单——左上角。

师：合上！

生：合上！

要求：双手迅速合上书本，左边往右边盖。

师：语文书！

生：语文书！

要求：双手四指在下，两个大拇指在上，平拿语文书。

师：左！

生：左！

要求：双手将语文书放在左上角后，迅速抽出右手。

师：上！

生：上！

要求：右手大拇指在上、四指在下握住任务单。

师：角！

生：角！

要求：右手捏住任务单，迅速抽出。

任务单和语文书转换时，老师慢口令，学生慢动作，老师喊一个字，学生做相应的动作，确保动作整齐划一，充满仪式感。一般喊1遍。任务单换语文书，动作一样。

8. 提笔口令：拿起武器——准备战斗。

师：拿、起、武器！

生：准、备、战斗！

要求：说"准"字，右手迅速握笔；说"备"字，右手握笔，笔尖朝下垂直于桌面；说"战斗"，左手掌心向下拍击桌面两次。一般喊1遍。

老师慢口令，学生慢动作，老师喊一个字，学生做相应的动作，动作整齐划一，眼神坚定执着，作业仪式感满满。

9. 连线题口令：左手拿尺——右手拿笔。

师：左、手、拿、尺！

生：右、手、拿、笔！

要求：说"右"字，右手取尺子；说"手"字，右手将尺子放到左手上；说"拿"字，左手拿尺子，手臂垂直于桌面，右手握笔；说"笔"字，左手不动，右手快速握笔，手臂垂直于桌面，等待下一个指令。

10. 鼓励口令：加油——奥利给！

师（双手握拳，做加油状）：加油！

生：奥利、给！

要求：说"奥利"时，双手握拳，由上向下做加油状2次；说"给"字，击掌一次后迅速双臂叠放，左下右上，端正坐姿。

以上10条口令在开学第一周进行专门训练，一旦练习好，一年级新生课堂纪律从此大变样。

怎么练课前准备口令？

【管建刚】

课前准备是课堂教学的组成部分。为什么这么说？课前没有准备好的，一定会占用课堂时间来补上。一年级小朋友怎么做好课前准备？张小玲老师用5条口令搞定。

张小玲：一年级课前准备口令小视频

【张小玲】

这五条口令练好了，每节课前用一次，1分钟内搞定课前准备。

怎么练呢？

第一条口令：课前准备——准备准备，准备准备。

口令小老师：课前准备！

学生：准备准备（慢拍手2次），准备准备（快拍手2次）。

要求：端正坐姿，眼睛看口令小老师。

第二条口令：小书包——关起来。

口令小老师：小、书、包！

学生：关、起、来！

要求：口令小老师放慢语速，学生放慢动作。说"关"字，迅速从右边向后扭转身体；说"起"字，双手关书包或检查书包；说"来"字，身体迅速从左向前转回前面，双臂叠放，左下右上，眼睛看口令小老师。

第三条口令：书签、书签——快夹好、快夹好。

口令小老师：书签、书签！

学生：快夹好、快夹好！

要求：说第一个"快夹好"，双手伸向右边，检查语文书和任务单书签，保持姿势不变；说第二个"快夹"，双手拍击桌面两次，说"好"字，双臂迅速收回，左下右上，坐端正，眼睛看口令小老师。

第四条口令：书本、书本——左上角、左上角；

铅笔、铅笔——笔尖朝右放笔槽、放笔槽；

橡皮直尺——橡皮在上，直尺在下，右上角、右上角。

口令小老师：书本、书本——

学生：左上角、左上角。

要求：说第一个"左上角"，双手向左上方推放端正书本，保持手按书的姿势不变；说第二个"左上"，拍打书本两次，表示书已经准备好了，说"角"字，双手迅速叠放，左下右上坐端正，眼睛看口令小老师，等待下一个指令。

口令小老师：铅笔、铅笔——

学生：笔尖朝右放笔槽、放笔槽。

要求：说"笔尖朝右"时，双手伸前检查铅笔笔尖是否朝右；说第一个"放笔槽"，眼睛看向笔槽，双手拍击桌面三次，说第二个"放笔"，拍击桌面两次，说"槽"字，双手迅速叠放，左下右上坐端正，眼睛看口令小老师，等待下一个指令。

口令小老师：橡皮直尺——

学生：橡皮在上，直尺在下，右上角、右上角。

要求：说"橡皮在上"时，双手摸橡皮；说"直尺在下"时，双手摸直尺。说第一个"右上角"，拍击桌面3次；说第二个"右上"，拍击桌面2次，说"角"字，双手迅速叠放，左下右上坐端正，眼睛看口令小老师，等待下一个指令。

第五条口令：头正、肩平、背直、臂开、足安。

口令小老师：头——

学生：正。（双手摸头顶）

口令小老师：肩——

学生：平。（双手指尖触及肩头）

口令小老师：背——

学生：直。（双手迅速背后，掌心向外，用手背拍一次腰）

口令小老师：臂——

学生：开。（双臂打开放桌面，左下右上，端正坐姿，眼睛看口令小老师）

口令小老师：足——

学生：安。（跺脚一次，眼睛看口令小老师）

读上面的介绍有点累，因为要在脑子里想出各种动作来。所以，练口令要用专门的时间，反复示范，要注意口令的快慢，动作的规范，学生眼睛的安放。

刚开始，老师喊一个字，做出镜面动作，学生跟做相应动作后，才可以进行下一个"字"的动作。熟练后，再整条口令连起来。训练中，老师的表扬必不可少，还可以奖励Q币、组织小组比赛等。

训练中发现声音洪亮、吐字清晰、精神饱满、反应快的小朋友，可以当课前准备的口令小老师。前几次由大老师带着小老师。预备铃响后，小老师站在讲台前，按照课前准备的5条口令依次进行。大老师有发现做得不到位的地方，则停下来重复，直到所有学生都到位，再喊下一条口令。如此三五次，小老师便能独立了。

怎么练"师生问好"？

【管建刚】

每节课都要"师生问好"。怎么让"师生问好"整齐、干脆、有精气神呢？

【张　怡】

看到张小玲老师的一年级课前准备口令和小视频，同为一年级的我很震撼，一条条简单的口令竟能喊得如此有气势。我反复看了小视频，发现了秘诀：学生的口令都配有显性的动作。

张怡：一年级师生问好小视频

口令小老师喊"课前准备"，学生边拍手边喊"准备"，前两次拍手节奏慢一点，后两次节奏快一点。口令小老师喊"书本书本"，学生边喊"左上角"边把书本推向左上角，保持不动；口令小老师第二次喊"左上角"，学生重重拍打书本两次，两手放平在桌面上。"拍手"表示马上要"课前准备"的检查了，"拍书"表示"书本摆放到位"了，"拍手""拍书"整齐响亮的声音感染着学生，也感染着整个课堂，带来即将上课的仪式感。

小小的动作背后蕴含着大大的能量！

"师生问好"一直困扰着我。

每次喊"上课"，学生边站边喊"站如松"，却只有个别学生喊得有精气神、个别学生真正做到了"站如松"，有的站起来手搭在桌子上，有的站起来手里还拿着东西，有的站起来会东张西望。我也告诉过学生，站起来时手要放在裤子两边，抬头挺胸，示范了、训练了，效果还是不好。

无事容易生非。没有事情做，一年级小朋友的手就会乱动，开小差。我想到"师生问好"的问题应该也在这里，学生的手和脚没事干，于是就开小差了。"师生问好"也要让手和脚动起来。

你也许会说，"师生问好"中的学生要站起来，这不是"动"吗？

"师生问好"的站起来的"动"，不是真正意义上的"动"，只是从"坐"到"站"的自然变化。什么是真正的"动"呢？张小玲老师启发了我：作为课堂上的集体行为的"动",应该让某个部位有幅度、有节奏、整齐地"动",需要集中注意力去做——这样学生就不开小差了。而学生从座位上"站"起来这个动作几乎不需要任何注意力。张小玲老师课上有节奏的"鼓掌"、有节奏的"拍书本"、有节奏的"拍桌子",这都是"手"在"动",那"起立"时的"脚"怎么"动"呢?

我想到了体育课上的原地踏步训练。

体育老师会这样告诉学生,喊"1"时踏左脚,挥右臂,喊"2"时踏右脚,挥左臂。因为只有这样,踏步才能整齐有力,有气势。于是我做了调整:老师喊"上课",学生边喊"起立"边站直,喊"站"字踏左脚,喊"如"字踏右脚;喊"松"字,两手往外舒展后用力拍向大腿,放在裤子两边,保持不动。

踏步的声音加上拍大腿的声音,气势一下子出来了,喊完,整个人、整个教室都不一样了。脚有事做了,手也有事做了,再也没有学生的手搭在桌上了,也没有学生东张西望了。因为这一系列的动作需要高度专注,稍不留神便会手忙脚乱,跟不上大家的节奏。

训练"问好"时出现了一个小问题:坐在讲台前的学生,弯腰鞠躬没法做到45度,因为他们腰一弯,头容易碰到讲台。我想到了花港迎春小学的"师生问好"学生是站在过道里的,这样可以避免头碰讲台的尴尬。于是我让左边的学生从左边跨出来,右边的学生从右边跨出来。

这一改,又有问题了:有的跨出一大步,导致回归座位不能一步到位的。我跟学生说只要跨出一小步,但"一小步"究竟有多"小",我没搞清楚,学生更糊涂了。

幸运的是,我看到第二组跨出"一小步"时极为整齐,两边的同学站得如同一条直线。这里肯定有奥秘。我仔细看了他们站出来的位置,惊奇地发现所有学生跨出来后,基本上都是肚脐眼对准了桌角,我就把这个作为"一小步"的标准。学生自由练习1分钟,找站位,一开始个别学生不熟练,需要用手比划,看看肚脐眼是否跟桌角对

肚脐对准桌角小视频

齐，1分钟后，几乎所有学生都能熟练找到这个站位。

明确了站位，再训练动作：

（1）"上课起立"保持不变，喊完"起立"后，在心里默数"1"，再把脚跨出去。

（2）左边的学生边向左跨边喊"站"，左脚重重踏向地面（右边的同学则跨向右边，右脚重重着地），喊"如"字时石（左）脚重重踏向地面。手的姿势和之前一样。

从此，"师生问好"既整齐又有精神，成了凝聚全班精气神的法宝！

怎么练"结课口令"?

【管建刚】

习课堂一年级新生常规训练中,有结课口令:一换、二对、三推、四捡。"一换"是把语文书换成数学书,"二对"是跟同桌对齐桌子,"三推"是把椅子推进去,"四捡"是捡起身边的垃圾。这个口令怎么练?

【张 怡】

这个口令要做到整齐、到位、节省时间,的确不容易。但是练好了,每天都用,课堂风貌就不一样,班级风貌就不一样。我的经验,一是值得练,二是分步练,稳扎稳打地练。

关于"一换"。

第1步:理桌兜。

训练这个动作时,有的快,有的慢,还有书砸桌子的声音、书掉地上的声音,场面混乱。所以,我请同学们把桌兜里的书拿出来,大的书放下面,小的书放上面,整理好后统一放在桌兜的最左边,笔袋放在最右边,语文、数学、英语(我们一年级开设英语课)三科的书和作业本按当天上课的顺序摆放好,学生换书时不用在桌兜里找数学书,直接把桌兜里最上面一本拿出来就行了。不会出现一找书,桌兜里掉出一堆东西来的情况。

第2步:右手放回语文书,左手拿出数学书。

桌兜整理干净了,总体速度变快了,但学生和学生之间的差距还是很大,快的一两秒书换好了,慢的要十几秒。小潘同学每次都是第一个换好,而且动作很轻。于是我走到他旁边,和他进行了"一对一"的口令训练,所有同学看着他做。由于他的动作实在太快,我还没看清楚,他已经好了。我请他来了一次"慢动作",大家才看明白了:小潘右手拿语文书,在把语文书放下去的同时,左手拿着数学书轻轻放在桌面上。我把他的"慢动作"版本录了视频,电脑播放给学生看,其他同学照着做。很多同学都忍不住赞叹:"哇,果然很快啊!"

关于"二对"。

一年级小朋友不知道"对齐桌子",即使老师一边示范一边告诉他们,"竖的要和前面同学的桌子对齐,横着的和最右边的一组桌子对齐",他们还是对不齐。很多同学喊这个口令时,要么坐着不动,要么随便动一下桌子,因为他们不知道什么叫对齐,也不知道怎么对齐。

第1步:给出参照。

我以教室里的地砖为参照物,给出对齐的标准。纵向怎么对齐?最左边的一组以右边同学压着右边地砖线为准,最右边的一组以左边同学压着左边地砖线为准,中间两组全部以右边同学压着右边地砖线为准。横向的全部压着横向的地砖线。这一来,每次我喊"二",学生喊"对"时就专心找地砖线,知道压着地砖线桌子才对齐了。有了参照物,同桌"对桌子"就不会出现一个要这样,另一个要那样的情况。相反,一个对齐了,另一个还没好,同桌还会帮忙。

第2步:关注"每一个"。

还是会有几组同桌在那装样子,或者一动都不动。我一组组进行巡视,没有压线的,要求当着我的面对齐桌子,两三次下来,没有学生浑水摸鱼了。

关于"三推"。

"推凳子"很简单,无非把凳子塞到桌子下面。然而一年级小朋友就是"无敌",从凳子上起来,有的会来个华丽转身,原地转一圈;有的不是从凳子上站起来,而是从凳子上"跨"出来,两只脚往边上一蹬,屁股往后面一挪,人一下子站到了凳子后面。让他们把凳子往里推,有的用一只手,随便往里面一"推",有的是用脚"踢"进去,"踢"进去的凳子自然歪头歪脑。

第1步:给出步骤。

我提出要求:(1)站起来的时候,左边的同学从左后方出来,右边的同学从右后方出来;(2)推凳子的时候必须用两只手轻轻地推;(3)推好凳子马上起身站好。

第2步:分步训练。

先练"站",再练"推",一组一组练。我喊"站",学生从指定方向站出来，站着不动，第一组好了再第二组，第二组好了再第三组，每一组只要有一位学生没从指定位置站出来，就得重来。"站"过关了，再一组一组练"推"。我喊"推"，学生用双手把凳子轻轻地推进去，哪一组不行哪一组单独练。两个动作都过关了，我重新喊"三"，全体学生喊"推"，将两个动作连起来做一遍。如此，再没有稀奇古怪的动作出现了。

关于"四捡"。

垃圾该怎么捡？哪些垃圾要捡？一年级新生并不清楚。有的学生四处转圈，垃圾却一个都没捡；有的趴在地上，捡那些极细小的垃圾和灰尘，手都黑了；有的捡完自己周围的垃圾，还跑到其他地方捡。

第1步：教师示范。

我站在讲台前示范：捡垃圾时人是蹲着的，而不是趴着，用头环顾四周，而不是身体转来转去。我告诉学生，课上捡垃圾只要捡自己座位周围的明显的纸屑，捡完立刻站直，垃圾拿在手里，下课后扔到垃圾桶里。细小的碎纸屑下课拿扫帚打扫。

第2步：灵活表扬。

为了避免同桌俩蹲在地上讲话，每次我都会表扬第一个捡好垃圾站起来的学生。没想到，这也带来负面效应，有的为了追求第一，根本没看地上有没有垃圾，瞥一眼就站起来了。我又表扬那些仔细捡垃圾的学生："张雨泽虽然不是第一个站起来的，但是张老师很喜欢，因为他把地上的垃圾捡干净了！"

这样训练，口令不成问题了，教室卫生也不成问题了。

第二章　学口令（下）

一年级练口令注意什么？（1）

【管建刚】

一年级课堂纪律好了，教学质量就不会差。口令帮一年级老师管好课堂纪律，那么一年级口令训练要注意什么呢？

【张　怡】

口令对一年级新生很重要，这是我用了习课堂后发自内心的确认。以前也有类似感觉，但从没有像习课堂这样强烈。一年级新生的口令，不是随便练、随便用，而是要——

第一，老师要做有效的示范。

一年级小朋友喊口令，首要的问题是"拖调"。解决拖调最好的办法是"示范"。章秋兰老师班上的小朋友，口令干脆、有力、不拖调，同样是开学第一天，为什么我们班的口令要差很多？

反复看章老师班的口令视频，我终于发现了差距所在。章老师喊口令"语文书"，学生跟着喊"语文书"；章老师喊"快打开"，学生跟着喊"快打开"；章老师喊"书合拢"，学生跟着喊"书合拢"；章老师喊"左上角"，学生跟着喊"左上角"。老师说一句，学生跟读一句。而我却像教高年级学生，我喊"语文书"，一年级小朋友喊

章秋兰：入学一周训练成果小视频

"快打开";我喊"书本合拢",一年级小朋友喊"左上角"。我跟学生说"老师怎么喊,你就怎么喊",我以为这么一说,学生就不拖调了,现在一想,我"喊的"和学生"对的"不是同一句话,学生怎么模仿我的语速呢?

第二,口令要在实际中反复应用。

一年级新生今天学会了,明天就会忘。所以,习课堂第一周常规训练中,每节课的第一部分是复习口令。老师说前半句、学生说后半句,按照PPT上的顺序,一句一句说下来。

这还不够。口令是为了更好地管理课堂,所以课上一发现问题,要马上用学过的口令组织和管理。比如看到有学生在讲话,我会立刻喊"小嘴巴",学生边回过神来边喊"不说话";看到有学生的脚乱放了,我立刻喊"小小脚",学生边把脚放平边喊"放放平";看到学生的小手不规矩了,我喊"小小手",学生边把手放在桌面上边喊"放桌面"……喊完口令,我会一组组检查,是否每个人的小嘴巴都不说话了?是否每个人的小脚都放平了?是否每个人的手都放平在桌面上了?只要还有一个学生没做到,我会再喊相应的口令,并且告诉学生,我们是一个集体,必须每一个人都口令到、动作到。

一年级的口令除了课上反复用,班级管理中也可以反复用。比如排队,发现有学生在讲话,我会喊"小嘴巴",学生答"不说话"。看到学生东张西望,我会站在前面,喊"说看张老师",学生喊"就看张老师",学生的目光自然集中到前方了。只有反复用了,才能成为下意识的习惯。就像每天的关车门,你根本没觉得关,可门已经关好了;你根本没觉得锁车门,可车门已经锁好了。这种习惯都是在反复应用中习得的。

第三,用好一年级新生的好胜心。

一条口令要练习四遍。前两遍让学生熟悉口令,我说前半句,学生迅速说出后半句;后两遍训练学生边说口令,边做相应的动作。四五个口令要练20来遍,练着练着,学生的声音越来越轻了,动作越来越慢了,有的趴下了,有的还喊"老师,我想喝水"。

的确,这对一年级新生来说太无聊了。

我随机在黑板上写上了"第一组""第二组""第三组""第四组","张老师要举行一个小组 PK 赛，听听哪一组小朋友的口令喊得最好，一看正确，二看不拖调，三看动作整齐!"学生全部挺直了身板，一下子投入到了比赛状态。

"做到两个要求的小组可以获得一颗星，三个要求都做到的获得两颗星。"PK 完，我在黑板上每个小组对应的位置画上五角星。醒目的五角星加上老师的"煽风点火"，学生劲头越来越足了。

"刚刚第一组获得两颗星，我看这一句口令哪一组能获得两颗星。"学生来了干劲，干什么都不觉得累，因为每个一年级新生都认为自己很棒。

一年级练口令注意什么?（2）

【管建刚】

张怡老师从正面总结了一年级练口令的三个注意点，钱海燕老师则从反面提了三个"醒"——

【钱海燕】

带一年级小朋友，朗朗上口的口令比老师的喋喋不休管用多了。也有老师反馈说口令没什么效果。主要原因有三条——

1. 老师，你的口令统一了吗?

有的老师今天用口令"小嘴巴，不说话"，明天用口令"小嘴巴，闭起来"；今天用口令"一二三，坐坐好"，明天用口令"一二三，坐神气"；今天用口令"书本合拢，左上角"，明天用口令"语文书合拢，左上角"……老师自己没熟记口令，想怎么喊就怎么喊，学生怎么可能有秩序？课堂怎么可能有秩序？

语文老师的口令是"小眼睛，看屏幕"，数学老师的口令是"小眼睛，看黑板"；语文老师的口令是"时间到，全放好"，数学老师的口令是"时间到，都放好"……上一节语文课学生用了"小眼睛，看屏幕"，下一节数学课学生有的用"小眼睛，看黑板"，有的用"小眼睛，看屏幕"，只要有一个学生喊得不一样，口令便会乱。口令口令，令出则行，口令都乱了，行为怎么可能不乱？

一年级新生阶段的口令，最好全年级一致，因为数学老师要上两个班，不同的班用口令不同，数学老师很麻烦。音乐、美术等老师的麻烦更大。统一口令，使用频率越高越一致，习得越牢固。

2. 老师，你的口令刻意训练了吗?

有老师说，我教了口令，学生就是喊不好。不，"教"是不够的，要多次的刻意练习。一年级老师要专门用一周时间训练口令，用口令训练学生翻书、认页码、指读、画直线等基本技能，学生翻书找不到页，读书找不到课文，画线磨磨蹭蹭，严重影响课堂的流畅性，就像开车总是遇到红绿灯，车速一定低，课堂效率一定差。

练口令要分步。（1）先熟记口令，老师说上半句，学生要脱口而出说下半句。学生接得不够快，再喊；学生接得不够响，再喊；学生接得不够精神，再喊……要刻意训练到大脑不思考便对出下半句。（2）口令配上动作练习。口令，归根到底不在嘴上，而在行为上。一边喊口令"小小手，放桌面"，一边配上"双臂交叠平放桌面"的动作；一边喊口令"小身板，挺起来"，一边配上"背挺直"的动作。有学生动作慢了，有学生动作快了，有学生动作不到位，有学生没配上相应的动作，老师要耐心地组织反复练习，记住，这可是一群刚从幼儿园里走出来的"神兽"啊！

刻意练习阶段，口令是学生要掌握的一项作业。组员到组长那里"对口令"过关，回家布置跟父母玩"对口令"。

3. 老师，你的口令变花样了吗？

每天课上不是"小眼睛，看黑板"就是"小身板，挺起来"，同样的口令喊了几天没新鲜感了，只动嘴巴不发声了，怎么办？一年级读课文，课文那么短，一节课可以读上18遍，哪来什么新鲜感？有经验的老师都知道，要变着法子读，自由读、齐读、合作读、师生配合读、男女生合作读、做动作读、一轻一重读、一重一轻读……口令也可以如此。

（1）口令音量变花样。老师调节音量喊口令，学生跟着老师调节音量喊口令，老师喊得轻，学生接得轻，老师喊得响，学生接得响；也可以反过来，老师喊得轻，学生接得响。用老师的手势指挥学生喊口令音量也很有意思，老师手举得越高，表示口令声越响，反之越轻。这样变化着喊口令，学生越喊越有兴致。

（2）口令速度变花样。播放视频有正常速度、2倍速和0.5倍速等，喊口令也可以变速度。老师用正常速度喊，学生接正常速度；老师2倍速喊，学生接2倍速；老师0.5倍速喊，学生接0.5倍速，在变化速度的口令声中，学生的注意力也跟上来了。这样喊口令，学生越喊越投入。

（3）口令对象变花样。一般老师喊上半句，全体学生接下半句。也可以老师喊上半句，然后说"男生"，男生接下半句；老师喊上半句，然后说"女生"，女生接下半句；老师喊上半句，说"第一组"，第一组同学接下半句；老师喊上半句，说"第二组"，第二组的同学接下半句……这样变化着喊口令，学生越喊越期待。

（4）口令配动作变花样。顾孙煜老师的学生喊"双手拿书，大声朗读"，一边喊"大——"，一边翻开书本平举与眉齐平；一边喊"声——"，一边用书本边缘敲击桌面，发出"咚"的一声；一边喊"朗——"，一边平摊书本在桌面上，发出"啪"的一声；一边喊"读——"，一边右手握拳举起，肘与桌面触碰发出"咚"的响声……高年级学生可以这样变化，一年级的动作不用这么复杂，像张小玲老师那样就可以，一定有效。

顾孙煜：高年级习课堂常规口令小视频

（5）口令内容变花样。口令"小身板，挺起来"6个字，可以变成"小小身板，挺挺起来"8个字，也可以变成"小小小身板，挺挺挺起来"10个字，或是"小呀小身板，挺呀挺起来"。这样的轻微改动，学生一下子能对上，既轻松又好玩。

（6）口令节奏变花样。比如"小身板，挺起来"，可以变化成"小/身板，挺/起来"；"小小身板，挺挺起来"，可以变化成"小小/身板，挺挺/起来"……这样变着花样喊口令，学生喊得意犹未尽。

老口令怎么喊出新味道？

【管建刚】

口令总那么几句，一年级小朋友也会没劲。章秋兰老师变着花样改老口令，小朋友起劲得不得了。

【章秋兰】

一年级小朋友给点阳光就灿烂。老师变一个小花样，他们就开心得不得了。

1. 改"语文书，快打开"。

改为：语、语文书，快、快打开。

这样一来，节奏感更强了，孩子觉得更好玩。难点是，口令要对应口令的内容，学生要边喊边动起来：

（1）学生喊"快"字，右手拿取语文书。

（2）学生喊"快打开"，左手大拇指放书签处，双手合作打开语文书，说到"开"字，人坐端正。

2. 改"任务单，快打开"。

改为：任、任、任务单，快、快、快打开。

（1）学生喊第一个"快"字，左手按语文书，轻轻按，不让语文书移位。

（2）学生喊第二个"快"字，右手抽任务单，大拇指放书签处，快速翻到书签夹住的那一页。

（3）学生喊"快打开"，双手合作打开任务单，说到"开"字时坐端正。

3. 关于收任务单的口令。

口令：一准备！二组长！三收！四交！

动作训练分四步——

（1）老师说"一准备"。

每个学生把任务单翻到本次作业的最后一页——我习惯从后往前批，批完正好打等第，节约了翻来翻去的时间。

（2）老师说"二组长"。

组长端着自己打开的任务单，快步走到本组最后一个座位。其他同学端着自己的任务单，向左转（或向右转），转向过道，等组长来到身边收。

（3）老师说"三收"。

组长端着任务单，用"螃蟹横走法"从后往前走，每走到一名组员身旁，停留1秒，组员快速把手里的任务单叠放在组长手中。组长继续横着往前走，本组任务单全部收好后，快速站到讲台前，面向前门，等待。

（4）老师说"四交"。

八位组长抱着任务单站在教室门口，老师发出"交"的指令，组长排队去老师办公室，任务单交到老师的办公桌上。

重要提醒——

一年级的口令和动作，每一个字要对应到每一个动作，加上老师的示范，学生跟着一个字、一个字练，练好了再练下一句，绝对有效！

一年级口令如何与时俱进？

【管建刚】

口令是为了课堂管理，管理需要针对实际。实际情况变了，口令就要与时俱进作调整。

【吴春红】

一年级新生入学，每个座位的右边贴上姓名牌。姓名牌是立体的、中空的。课前准备的书本要放在左上角，铅笔放在姓名牌的中空位置，既不占用桌面位置，又能稳当拿到铅笔。这时我们用口令：

师：铅笔放回——

生：名牌里。

两个星期后，学生熟记位置了，撤掉了姓名牌。桌子的右边已经腾空，铅笔放在书本的旁边，从门口看进来，书本和学具一致摆在左上角，多整齐！这时我们用口令：

师：铅笔放回——

生：书本旁。

由于我们的课桌没有笔槽，铅笔是圆柱形，铅笔容易滑落，又是弯腰捡笔，又是推书本，手忙脚乱的。于是我们在网上买了铅笔帽，贴在书本旁边的桌面上。铅笔走进铅笔帽，这时用口令：

师：铅笔放回——

生：笔帽里。

铅笔帽太小，贴不稳，没过几天脱落一大半。于是又买了长 21 厘米的收纳盒。为了方便孩子们，用纳米双面胶把收纳盒贴在书桌的右上角，书本在左，铅笔在右，只要全班统一，还是挺整齐。铅笔终于找到安稳的家，可以躺在长条的铅笔槽里了。这时口令改为：

师：铅笔放回——

生：铅笔槽。

口令要根据实际情况来变化。想一个方法或者一条口令管上一辈子，这是不可能的！

【管建刚】

医药学家研制出来的第一代特效药，也会随着抗药性而失去药效，于是需要研制第二代。口令是一年级课堂管理的特效药，但也要迭代升级。

【张小玲】

2025年春节，哪吒电影火遍全球，我和学生创编了"哪吒口令"，孩子们喊得可带劲了。

张小玲：一年级哪吒口令小视频

1. "哪吒"课前准备口令。

"课前准备，准备准备"改为：风火轮转——呼呼向前！

口令员：风（左手拍书本）火（右手拍文具）轮（双手胸前做握方向盘的姿势）转（两手空中向左转动一次后，眼看学生）——

生：呼（左手拍书本）呼（右手拍文具）向（双手胸前做握方向盘的姿势）前（两手空中向右转动一次后，左臂下，右臂上，坐端正，眼看口令员）。

2. "哪吒"上课口令。

"站立如松"改为：小小英雄不怕难！

配合动作：小（站立踏左脚）小（站立踏右脚）英雄（两臂打开）不怕（双手握拳胸前交叉）难（双臂垂下）。

"坐稳如钟"改为：敢闯敢拼有担当！

配合动作：敢（双手扶住凳子，坐在座位上）闯（左手握拳，左臂垂直于桌面）敢（右手握拳，右臂垂直于桌面）拼（双臂往前有力推出，做加油状）有担（胸前拍手两次）当（左臂下，右臂上，坐端正，眼看前方）。

3. "哪吒"读书口令。

自由读口令"左手压书——右手指字"，改为：责任在肩——勇敢向前！

师：责任在肩——

生：勇（左手握拳垂直桌面）敢（右手握拳垂直桌面）向（拍手一次）前（右手指字，左手握拳，眼看计时器）。

"齐读，开始"改为：雷霆响——勇敢闯！

师：雷霆响——

生：勇（右手握拳）敢（左手握拳）闯（左手压书，右手指字，眼看计时器，静候指令）。

4. "哪吒"指字口令。

"隔空——指字"改为：火尖枪——出！

师：火尖枪——

生：出！（立即伸出右手食指，做指字状，眼睛紧紧盯着屏幕）

学生的食指化为哪吒的"火尖枪"，枯燥的事情一下子有了神奇的"法器"。

5. "哪吒"答题口令。

提笔口令"敌人来袭——消灭敌人，拿起武器——消灭敌人"，改为：哪吒敖丙，英勇无畏！

师：哪吒敖丙——

生：英勇（右手握笔）——无畏（左手拍桌两次，眼盯计时器）。

答题口令"开始——"改为：战——冲！

师：战——

生：冲！（立即执笔作答）

6. "哪吒"答题结束口令。

口令"答题结束——全部放好"，改为：枷锁冲破——勇敢无敌！

师：枷锁冲破——

生：勇（放笔）敢（拿任务单）无（任务单放桌子两侧，方便组长收取）敌（拍手一次，坐端正，左臂下，右臂上，准备背奖励题）。

7. "哪吒"结课点赞口令。

口令"为自己也为同伴点赞——棒！"，改为AI动画哪吒视频点赞：哪吒有话说——同学们你真棒啊！

【管建刚】

"哪吒口令"上线，学生必然喊得带劲，做得到位。口令可以这样与时俱进！

第三章　学排队

人多的地方需要秩序。秩序保障安全，秩序确保效率。学校每天都要排队，大课间出操要排队，中午食堂就餐要排队，去专用教室要排队，体育课要排队，放学要排队……一年级排队"慢、闹、乱"，怎么办？一年级排队找不到位置、说闲话，怎么办？一年级排队怎么用好"万能口令"？一年级排好了队后怎么走好路？本章告诉你。

排队慢、闹、乱，怎么办？

【管建刚】

一年级新生的集体意识是从排队开始的。一年级要排好队伍真不简单，我说得没错吧？

【李　冶】

一点也没错。

一年级新生排队慢吞吞、闹哄哄、乱糟糟，老师喉咙喊哑，声嘶力竭，也没效果。

1. 怎么破解"排队慢"？

大课间音乐响起，我喊"出去排队"，小朋友一个劲地往前挤，不少小朋友不是走出教室门，而是被"挤"出了教室门。花时多，还有安全隐患。出教室门也要有步骤、有秩序。

（1）我结合消防应急的疏散演练法，进行分流：座位前三排学生往前门出，座位后三排学生往后门出，避免在前门扎堆拥挤。

（2）下课时我们有"一换，二对，三推，四捡"的口令，那时学生已经统一站在椅子后面。我说"向右转"，学生向右转，面向走廊，我也走到教室右侧，面向学生——这也要练习几遍，总有小朋友分不清"左"和"右"。全班都站定后，我喊口令"向前靠拢"，学生一边答"靠靠拢"，一边向前靠拢缩短距离。

（3）靠拢后我告诉学生，教室里有六组，每一组就是一列队伍，共六列队伍，一二三组的队伍从前门走，四五六组的队伍从后门走。我打开手臂说道："老师就是我们班的交通警察。老师打开手臂，第一组和第六组走出门，第一组从前门走，第六组从后门走。"这么一说，排头的小朋友马上领会意思了。前门第一组先出门，接着第二组、第三组；后门第六组先出门，接着第五组、第四组，两边同时进行，从两个门快速顺畅地出教室。

2. 怎么破解"排队闹"？

我们的走廊装了窗，学生的吵闹声带着回声，更响了。学生来到走廊排队，相互靠得比较近，有的学生转过去和后面的讲话，有的学生张开手臂和前面的同学抱在了一起，还有的学生挤在一起，一个个前胸贴后背的。有的人还在互相争执。老师喊"安静"，却被小朋友的吵闹声盖住了。

习课堂经常说，有事做就不开小差了。我想到了两个关于手脚的口令。我说"两脚两脚"，要求学生边说"并并拢"边把双脚并拢，并与前后同学的脚保持距离。我说"两手两手"，学生边说"放两边"边把两手五指并拢贴紧大腿两侧。

小朋友嘴巴、双手、双脚都有事干，排队一下子安静了下来。不是学生要吵要闹要开小差，没有事干多无聊啊！排队也如此。

3. 怎么破解"排队乱"？

前两个办法，学生出教室不乱了，走廊排队也不闹了，但是队伍不整齐。有的学生半个身子露在队伍外面。我喊口令"向前看齐"，要求学生边答"看看齐"边看着前面同学的后脑勺，只能左右调整，前后不能动。

有时我会走到队伍中去，寻找眼神到位的同学，聚焦式表扬："表扬付艺翔，原先他总是眼珠子咕噜噜东张西望，现在他目不转睛地盯着前面同学的后脑勺，做得真棒！""表扬沈淑涵，之前老师走来走去，她一直会盯着老师看，很不专心，现在李老师走来走去，她都没有瞄李老师一眼，眼睛向前看，做得真棒！"表扬后，其他同学都站得更直，队伍就整齐了。

排队找不到站位，怎么办？

【管建刚】

李老师用"交警指挥"破解排队慢，用"口令管理"破解排队闹，用"聚焦表扬"破解排队乱。吴春红老师也有五个排队小妙招——

【吴春红】

第1招：找位置？数字来帮忙。

一年级新生经常记不住自己在队伍中的位置，怎么办？

排队在走廊里，我在走廊墙上贴了1~13的数字圆贴纸。学生胸前每人都贴上1~13的数字牌，50人的班级分为四列纵队，每列有12或13人。身上戴什么数字牌，站的时候就对准走廊墙上的什么数字。

第一次排队，学生要大声读出自己对齐的数字。如有个别小朋友不会读数字，教一下也很快学会了。

我和体育老师商量好，第一周的四节体育课都按这个位置排队。一周后学生出来排队，都能站在自己的数位上，再也没有你推我挤了。

第2招：出门慢？图标来帮忙。

我班50人，双人桌，四大组，大组间有过道。

我请第一组同学起立，椅子推进桌下。过道边的1号同学出来，接着靠墙边的2号同学出来，以此类推，学生一个接一个站在过道上。站位具体如下图：

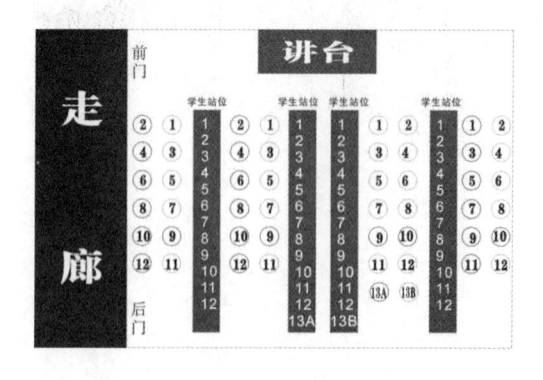

这张图我提前做好了，PPT 出示给学生看。排队时，全班四个组在教室里站成了四列队伍。

为了节省时间，每一列 1～6 号的学生走前门，在走廊上找到与自己对应的数字，站好。每一列 7～13 号的同学走后门，也在走廊上找到与自己对应的数字，站好。

第一列走出后，第二列走出，再第三列、第四列，只要有序就一定有速度，秩序保证速度。一开始前后门走也会出错，训练几次就没事了。

第 3 招：说闲话？口令来帮忙。

来到走廊，找好位置，排好队伍，人员齐聚，小朋友开始说闲话，怎么办？——对口令。

师：小手——生：贴裤缝。

师：小脚——生：并并拢。

师：抬头——生：挺胸。

师：眼看——生：前方。

师：小嘴——生：不说话。

师：一二列——生：向前走。

这些口令经过第一周的体育课和学校集体大课间的训练和使用，小朋友们已经对答如流了。

我们副班主任带第一、第二列下楼去操场。我和第三、第四列安静等待。第一、第二列走完，我跟第三、第四列对口令后，一起下楼去操场。来到操场，副班主任走在一、二列后面，我跟在三、四列后面，确保全体学生都到操场不掉队。

第 4 招：量距离？手臂来帮忙。

楼梯平台的拐角处，地方小、距离短，拐弯时经常推挤在一起。怎么办？

我对学生说："我们的身体有很多奇妙的用处，可以用身体当尺子用。"我面向学生，平举手臂，让自己的两臂对准两列队伍，一手臂对准一队列。两手臂之间是有距离的，所以两列队伍也是有距离的。

来到操场后，要前后找距离，我让学生用手臂找位置。位置较宽敞，可以向前伸出双手臂，一臂一人。我们学校小，有的地方空间窄，我让学生手夹裤缝后，抬起两手的手肘碰到腰间，变成半臂。

左右距离怎么找？在较宽敞的地方，我让学生张开双手，左右两人的手指不对碰；位置较窄的地方，我让学生只伸出写字的那只手，左右两人的手指不对碰。

一年级的小朋友听不懂"50厘米"，听不懂"远一点""近一点"。学生用手臂当尺子量排队距离，既好玩又有效。

第5招：加油站？表扬来帮忙。

以前排队，我总点名批评站得不好的、走得不直的。几个小淘气不服，故意做鬼脸，把我气得不轻。现在不一样了，我把习课堂表扬也用在了排队上。

我喊：说看元元！大家回：就看元元。

口令一喊，元元又把身子挺一挺。

"你们看，元元双手五指并拢，紧紧贴着裤缝，站得笔直，就像小军人，大布红娃就应该这样子。"

同学们都学着元元的样子，手指贴得更有力了。

我跟学生约定，排队时得到老师的表扬，回教室可以得到2个激励印章，这可比上课每次只盖1个印章更有诱惑力。他们表现特别好，满脸神气。

开学一周后，一年级的队伍就很有样子，我特别开心，特有成就感。

一年级排队后怎么走好路?

【管建刚】

一年级小朋友排好了队伍,一起步走,立马乱了。排好了队怎么走好路?

【李 冶】

一年级小朋友怎么"走好路",也要教,也要练。

1. 走路前后不齐,怎么办?

一年级小朋友走路总爱东张西望,有的走着走着,走到队伍外面去了,后面的也跟着向外倾斜。有的走得快,撞上前面同学。有的走得慢,跟前空出一段距离。一年级小朋友不知道怎样才是看齐了走。

每天吃完中饭,学生在食堂外的跑道上排队,跑道上的白色跑道线成了我们的参照物。搭配口令"脚踩白线,抬手臂",学生的注意力回到"前后对齐"上。一条口令三个动作,一踩、二抬、三看。当我说"脚踩白线",学生答"抬手臂",双脚并拢踩在跑道线上,两脚中间是白线,男生一条线,女生一条线,学生边说口令边抬起右手手臂向前看,手指五指并拢,指尖轻轻碰到前面同学的衣服,向前只能看到前面同学的后脑勺,说明前后对齐了。前后保持一臂的距离,配合口令"脚踩白线,抬手臂"。我跟学生说:地上的白线就是你们身上的"看不见的绳子",走到哪都要让这根"看不见的绳子"绷直,把自己的脑袋藏在后面不被老师看见,像躲猫猫一样。

回教室的路上,有的学生边走边低头看着线,小心翼翼,生怕一不小心走到线外去了。有的学生干脆走起了"钢丝",两手打开作保持平衡状,低头看着脚下的"钢丝"。我没有批评他们,而是表扬那些能沿着线走的,抬头挺胸的学生,渐渐地,"踩钢丝"那几个孩子"玩腻"了,也不这么走路了。

开学的前两个星期,我们沿着跑道线走,学生对"走路前后要对齐"就有了切身的感受。

2. 走路左右不齐,怎么办?

有了跑道线的帮助,学生能走好路了。但没有跑道线的地方,走着走着,两两距离不是分得很开，就是挤在了一起，队伍松松垮垮的，歪七扭八。怎么办？

还是用跑道线，但调整了参照标准。第三周，我让男女生两条队伍走在同一条跑道当中，不能走出两条跑道线。搭配口令"左右两人，肩并肩"，学生找到两两对齐的同学，两人的肩膀靠近，但不能贴在一起，要求用拳头比划一下，留出一个拳头的距离。在学生对"肩并肩"的距离有了实际的操作后，走起路来"两两对齐"容易多了。

每次"两两对齐"后，我马上表扬快速对齐的一对小朋友，再表扬前后四个或六个学着做得好的小朋友。每次排队走路都进行现场表扬，提升学生的荣誉感，也提高学生的自我约束力。

3. 走路快慢不一，怎么办？

一年级学生精力旺盛，自制力又差。一味求快，反而适得其反。一年级排队走路，要让队伍"慢"下来，让学生慢慢地去看、去对齐。

排好队伍准备出发了，我站在领队的前面，面向两列队伍倒着走，领着队伍慢慢前进。这样，没有看前面或者没有对齐的学生，我都能立即发现和提醒。一边走一边喊口令"向前对齐，对对齐""左右两人，肩并肩"，队伍慢慢向前移动，先做到整齐，第二步才是整齐有速度。就像写字，先求工整，再是工整有速度。

排队和排队走路看似小事，却很能反映一个班的基本风貌，尤其是规则意识和集体意识。一年级排队走路，要用口令管理学生的嘴、眼、手、脚，嘴不说闲话，眼会看齐，手脚规矩。当然，必不可少的是老师的正向激励。老师表扬的方向就是学生努力的方向，老师表扬的行为就是学生效仿的行为。

上下楼梯可以秩序井然吗？

【管建刚】

一年级小朋友平地上走路整齐了，可是，上下楼梯、进出楼门又乱了，怎么办？

【张小玲】

1. 上下楼梯拥挤，可以这么办。

（1）整队。

出教室或进楼门时，组织学生分两路纵队，男生一路，女生一路。并分别指定男生口令员、女生口令员使用口令："集合整队——快静齐！"

张小玲：一年级上下楼、变队形、整队、进楼小视频

男女生口令员：集合整队——生：快静齐！

男女生口令员：××班——生：到！

男女生口令员：整队开始——

生（配合动作指令）：小手搭肩（双手搭在前面学生的肩上，注意，指尖触碰到对方的肩即可），小脚并拢（双脚左右踏步一次），目视前方，排成直线，直又直，整队完毕，放下！

男女生口令员：立正——生：一二！

以上是新生时段的口令，两个月后口令可以简化为——

男女生口令员：集合整队——生：快静齐。

男女生口令员：立正——生：一二（左右踏步，两臂迅速贴裤缝）。

男女生口令员：看齐——生：左看右看前看。

男女生口令员：××班——生：到（左脚踏步一次）。

如此口令一次后，队伍安静整齐有序。

（2）下楼。

整队完毕后，男女生口令员喊口令：下楼梯——生：靠右行。

此时，男女生口令员分别带领男生、女生下楼梯。

男女生口令员：不吵——生：不闹。

男女生口令员：不推——生：不搡。

男女生口令员：不挤——生：不跑。

男女生口令员喊口令，学生接口令，下楼梯整齐有序，不再担心从上向下滑楼梯，也不担心发生推搡拥挤。

出楼门后，男女生口令员喊口令：二变四——生（配合动作指令）：变。迅速变成四路纵队。

神奇的口令，快速解决了排队问题。

2. 四列路队进楼拥挤，可以这么办。

（1）进楼门，使用"四变二——变"口令。

四列路队快速变两列路队，只需男女生口令员喊口令：四变二——生（配合动作指令）：变。

中间男生1队和女生1队迅速向前走一步，站定，然后男生2队和女生2队快速跨步站在1队后面，1秒到位。

队列变好后，男女生口令员发出口令，学生进楼门。

（2）上楼梯，使用"上楼梯——靠右行"口令。

男女生口令员：上楼梯——生：靠右行。

男女生口令员：脚轻抬——生：禁喧哗。

男女生口令员：防推挤——生：讲文明。

清晰的口令，明确的规则，日复一日地坚持，一年级也可以上下楼梯有规矩，进出楼门有秩序。

第四章　学自理（上）

一年级新生要独自面对适应新环境，一年级要保持个人卫生而不是喊阿姨帮忙，一年级要学着保持教室的卫生，一年级要保持课桌椅的整齐，一年级要学会自己整理书包、自己整理课桌抽屉，一年级要学会安静、有序地吃饭……一年级如何学习自理？如何走向生活的"小大人"？本章告诉你。

幼小衔接最应"接"什么？

【管建刚】

每到暑假，"幼小衔接"便成了热门话题。不少家长给孩子报拼音课、写字课、逻辑思维课……小朋友适应一年级最需要"衔接"什么？

【张　怡】

我觉得一年级家长最需要做好这六件小事——

第一件：安静听故事 20 分钟。

倾听能力跟孩子的学习成绩有着密切的关联。家长怎样培养孩子的倾听能力呢？

1. 每天给孩子讲 20 分钟的故事，讲完后提个简单的问题，以检验孩子在不在听。

2. 让孩子帮忙转述。你给孩子讲一遍，然后让孩子将这段话转达给爸爸、爷爷或奶奶听。

3. 告诉孩子，别人讲话时要看着对方的眼睛。家长要做好榜样，当孩子和你讲话时，你要看着孩子的眼睛，让孩子感受到你在认真听他讲话。

第二件：一分钟整理书包。

一年级放学前整理书包，有的学生桌面干干净净，书本摆放也很整齐，大的书在下面，小的书在上面，一分钟就整理好了。有的学生桌面堆得像座小山，整理书包要五分钟，其他同学走出教室门了，他才整理好书包。

找书本的时间、削铅笔的时间、理书包的时间、搞卫生的时间，自理能力差的孩子会浪费大量的时间。家长可以怎么做？

1. 每天起床，孩子自己整理被褥。

2. 写完作业，孩子自己整理桌面，做到桌面整洁有序。

3. 每天整理书包。准备三五本课外书，让孩子有序地放入书包，大的书放下面，小的书放上面，并给孩子记录好时间。

第三件：交三个新朋友。

有的孩子不知道如何跟别人一起玩，有时还会用不当行为来吸引别人，这非但交不到好朋友，还会引来小朋友们的反感。一年级孩子交不到朋友，校园生活是很孤独的。

暑假里，家长可以带孩子交三个新朋友。

1. 带孩子跟同龄人一起玩，家长不要过多介入，在边上观察孩子是如何与同伴交往的，交往中有什么问题，回家可以给孩子讲一讲。

2. 带孩子阅读有关同伴相处的绘本，比如《一起玩吧》《好朋友》等。

第四件：用过的东西放回原位。

"老师，我的铅笔不见了""老师，我的橡皮不见了"，为什么一年级孩子总丢铅笔、橡皮？上课写作业，用完橡皮，边上一丢。有时候手肘一碰，橡皮滚到地上去了。学生低头一看没有，以为不见了，下课也不会再找。下课时，桌上的书、文具随便摊放，同学不小心碰到，跑地上去了。

在家里，家长要提醒孩子把用过的文具归位——

1. 橡皮有橡皮的位置，一般放在作业本的右上方，一来方便取，二来不容易碰到。

2. 用橡皮时，铅笔放在作业本的中间凹槽处，这样不容易滚落。

3. 写完作业，各类文具用品放回笔袋里。

第五件：做完一件事再做第二件事。

一年级孩子上课容易走神、开小差。想听的时候听几句，不想听的时候玩铅笔、玩橡皮。才写几个字，停下来抠抠手、看看旁边的同学，有的还会忍不住讲几句话。一件事情还没有完成，又去做或想别的事情。家长们可以这么做——

1. 孩子专注做一件事时，不要去打扰，有什么事等做好再说。孩子专心做事，你去打扰他，他的专注力很难培养。要注意，看电视、玩游戏的专注，不是主动专注，这是被动专注。

2. 规定一次只能做一件事。比如孩子在画画，不能让他一会儿喝水、一会儿上厕所，这些事情要在画好后去做。

3. 可以陪孩子玩一些专注力训练方面的游戏，比如舒特尔方格训练，让孩子按顺序找到相应的数字。

第六件：认识自己的情绪。

与好朋友吵架了，学习上有困难了，老师批评了，有的一年级孩子情绪波动比较大，甚至大哭，下节课都无法安心学习。为什么抑郁的孩子越来越低龄化？不会处理自己的不良情绪是一个重要原因。建议家长们可以这样做——

1. 多给孩子讲有关情绪的绘本故事，比如《菲菲生气了》《我的情绪小怪兽》《我的情绪我做主》等，用绘本教育孩子如何调整自己的不良情绪。

2. 发现孩子情绪不对，家长先要问他"发生了什么"，再表达感受到了孩子怎样的情绪，最后给孩子平复情绪的时间和空间。

3. 多带孩子去运动，多去接触大自然，让孩子的不良情绪能够在运动中、大自然中得以释放和排解。

【管建刚】

张老师所讲的六件小事包含了自理能力、交往能力、自律能力。这些比早认识几个字、早认识几个拼音更有长远的价值。

一年级如何选用学习用品？

【管建刚】

孩子要上一年级了，家长会帮孩子挑选学习用品。怎么挑选呢？

【王　琴】

1. 铅笔请选择 HB。

一年级用的铅笔型号是 HB。2B 太浓，2H 太淡，HB 浓淡适宜。不要买一头有橡皮的铅笔，这样的橡皮擦不干净，小朋友倒过来用铅笔上的橡皮，笔尖容易戳到自己的脸。

铅笔买来后要帮孩子削尖，一头贴上孩子的名字。一年级的课文《文具的家》里有答案："铅笔，只用了一次，不知丢到哪里去了。橡皮，只擦了一回，想再擦，就找不着了。"孩子丢文具的频率太高了。老师也很苦恼，捡到一堆铅笔不知道是谁的。铅笔贴上名字贴，失物容易物归原主。

家长每天帮孩子削好五六支铅笔，每天放学回家要检查，为第二天的学习做好准备。注意：铅笔不能削得太尖，容易断，也写不出轻重变化。可以让孩子一起用卷笔刀削铅笔，一般卷三圈就好了。

2. 橡皮要简单实用。

市面上橡皮类型丰富多彩，看上去很吸引人。然而有的太软、有的太硬，有的形状学生抓捏不方便。不建议购买"好看"的橡皮，花哨的往往不实用——擦不干净，花哨的橡皮还容易分散孩子的注意力，有种塑料壳包装的、可以往上推的橡皮，孩子上课特别喜欢玩。橡皮用简单的 4B 绘图橡皮，软硬适中，擦起来干净，推荐用得力、晨光、樱花牌、辉柏嘉的。记得橡皮上写名字。

3. 尺子要透明直尺。

尺子选择简单的塑料直尺，一边是直线、一边是波浪线，不要太长，要能放进铅笔盒。一年级上册有连线题，要画直线；一年级下学期的阅读题也有用到波浪线。有了尺子，孩子能画得整洁干净。拒绝带有玩具性质的尺子。

现在流行一种软尺，可以揉成各种形状，用起来不方便不说，学生上课还特别喜欢拿在手里玩，开小差。

4. 准备好翻书神器。

磁性书签是帮助孩子快速翻书的神器。不要小瞧"翻书"这个动作，孩子手部的力量没有发育好，有的孩子"翻书"要花不少时间。试想，同学们都在大声朗读了，你的孩子还在急吼吼地翻书，心里有多着急，越着急越找不到位置。老师呢，等也不是，不等也不是。

课前孩子把磁性书签提早夹在新课这一页，一翻便能翻到，节省了翻书的时间。相比于纸质书签，磁性书签的优点是有磁性，不容易掉落。

5. 准备好作业袋。

光语文，就有拼音、写字、写话等不同作业本，如果一股脑儿都塞在书包里，等要交作业了，找作业本都会花不少时间。准备几个不同颜色、质地较软的透明收纳袋，在袋子上标注好科目，语文、数学的作业分开放，学生交作业能有目的性地去寻找，避免盲目乱翻。软塑料袋可避免划伤孩子。有了不同颜色分科作业收纳袋，孩子在家里也能及时整理，既养成整理物品的好习惯，又避免忘带作业。

家长应该带着孩子一起挑选学习用品，以后孩子自己买也知道怎么做了。

一年级上厕所要注意什么？

【管建刚】

一年级小朋友上厕所会遇到哪些问题，该怎么办？

【张萌霞】

问题1：小朋友找不到厕所。

开学前夕，我们学校有半天的一年级新生适应课，其中一节是帮孩子解决如厕问题。我拍摄了一个去厕所的"路径"小视频，学生看小视频时我解释：要上厕所，出了教室往右边走，大概走100步，能看到这个"大门"，男厕所门框边有一个小男孩的人像，代表男厕所；女厕所门框边有一个小女孩的人像，代表女厕所。

然后小朋友们两两拉手向厕所走去。我告诉他们，上厕所不要跑，到了走廊尽头左边第一间房子就是厕所，房子外面有一个洗手池。回到班里，再重走1～2次。

学校安排六年级学长来帮忙。我们是一（3）班，有8位六（3）班的学长来帮忙，每位学长负责一列孩子。课中课后要上厕所，小孩在前，学长在后，护送上厕所。开学后还有个别小孩不知道厕所在哪里，我从班里选出同性别的小老师，手拉手教认路，"小迷糊"不再迷糊了。

问题2：课间小朋友不去上厕所。

下课铃声一响，大部分孩子的眼睛都往走廊瞅，心儿仿佛都飞走了。我会等所有小朋友站好，眼睛看着老师，然后说："下课了，下课了！"学生精气神十足地对口令："先上厕所再喝水。"可一下课，许多孩子没把口令提醒放心上，直奔孔子园玩耍。我站在门口看往厕所方向。小柔是一下课就去上厕所，回教室喝水再玩耍。上课预备做好后，我走到小柔跟前，拿起她的印章存折，夸张地在上面敲了一个章。课后便多了几个孩子找小柔一起去上厕所。

总有那么几个"顽固分子"，非得上课了才说要"上厕所"。小烨就是其中之一。我用怀疑的目光看他，他捂着裤裆说"很急"。答应了小烨，就会有第二、第三个"小烨"出现。怎么办？特事特办。一下课我就逮住小烨，让小伙伴陪着他去上厕所。上课后，小烨不喊去上厕所了。下课前，我表扬小烨，上课时没喊去上厕所，真正做到了下课就去上厕所，上课认真读书做练习。我在小烨的印章存折上重重地敲了一个大拇指。一下课，神奇的一幕出现了，小烨立马跑到我跟前说，张老师，我现在去上厕所。紧接着，好几拨孩子结伴来跟我说去上厕所。哈，当时的感觉真妙！一年级新生课堂上不止会发生"上厕所事故"，还有"随意喝水事故""随意搭话事故"……我们发起了"三不"挑战赛。一节语文课，全班做到"不上厕所""不喝水""不搭话"，每人即可获得一个印章。哈，印章魅力大，全班挑战一次成功，大家都美滋滋的。

问题3：小朋友上厕所不文明。

观看学长们"文明如厕"的小视频，小孩们可感兴趣了，瞪大着眼睛安静看。读背三字歌："等候静，冲水勤，手洗净，小纸巾，不乱弃。"小朋友们的小手跟着节奏拍打，三字歌就这样悄悄地在他们心中生根发芽。接着实操演练。男女两列队伍到厕所附近廊道，班主任看着男生队伍，副班主任看着女生队伍，模拟训练：安静排队上厕所，冲厕所，洗手流程。

上厕所人多时，小朋友容易在等待中推搡吵闹。我们提醒小朋友排队要找人少的队伍排，与前面的小伙伴保持半臂距离，不挨在一起。上厕所用完的纸巾，不可随地乱扔，要扔进厕盆，随冲厕水一起冲走。小朋友洗手容易玩水，恶作剧，学长会告诉他们，洗手池上方有摄像头会拍下来。水龙头不拧紧会漏水，用1秒看水龙头会不会滴水，如果滴水，要再拧紧水龙头，不浪费水。

根据平时的观察和小朋友的告状，我们知道哪几个孩子如厕问题严重。小东，每次上厕所没对准尿盆就拉，拉完就撒腿跑，不冲厕所，不洗手。小伙伴陪同如厕，结果小伙伴回来说，他还是拉完就跑。开学第一周，我们请六年级的学长"一对一"辅导，因为学长有身高、体型、年龄的优势，小东不敢不从。

【管建刚】

家里的卫生间和学校的蹲厕不一样,所以一年级小朋友上厕所也有注意事项——

1. 一人一位。

学校厕所的蹲位都是一样大的,一年级学生用这样的蹲位,六年级的学生也用这样的蹲位,甚至成人也用这样的蹲位。一年级的小朋友体重一般是17~22公斤,不到成人的一半,两个一年级小朋友共用一个厕所蹲位也比较宽裕。小朋友又特别喜欢跟好朋友、新朋友一起做事,比如一起上厕所。学生一般都是课间去上厕所,一哄而上,人多蹲位少,于是,出现两个好朋友共用一个蹲位的现象。我们老师一定要告诉学生,一个蹲位只能一个小朋友用,既是卫生,也是隐私。

2. 关好厕所门。

女生上厕所一定要关上厕所的门,男生大便也要关门。在家里上厕所不一定有关门的习惯,学校上厕所则必须关上厕门,一定要注意个人隐私。一个不注意自己个人隐私的人,将来也会不注意别人的隐私。厕所门上的锁和家里门上的锁不一样,有的小朋友不知道怎么关厕所门,有的无意中关上了,不会开,出不来。我们老师要带学生去认识厕所的门,每个一年级小朋友都要动手操作:怎么开厕所门,怎么关厕所门。

3. 记得冲厕所。

用纸巾的数量,如果是卷纸筒,女生小便两格,男女生大便一般六格。有的小朋友家里用智能马桶,屁股一离开马桶会自动冲。有的小朋友在家里上厕所,爷爷奶奶跟着去,甚至在一旁等候,冲厕所自然也不是小朋友自己干的。所以老师要教"上完厕所冲厕所"。厕所的"冲"法,跟家里的马桶不一样。不同学校厕所的"冲"法可能也不一样,有的是拉一下,有的是按一下,有的是脚踩一下。老师必须教,学生必须练。如果怕浪费水,可以让每个学生都虚拟"冲"几次。

4. 男生要卫生小便。

不少男生一边小便一边跟伙伴说话,小便撒到哪里算哪里。小便因为事关个人、学校卫生，男生小便要对标一个参照物。比如，对准小便槽里面的横折处，如此小便便能全部入池。有的一年级男生小便不会正确地脱裤子——裤子往下一脱，屁股都露出来了；更有甚者，裤子直接褪到脚背，裤子碰到了厕所地面。这也得讲，也要教。不少男生长大了，在家里站着小便，一边看手机一边小便，一边想心思一边小便，马桶圈四周也都是尿，因为他们不知道小便要专心。

此外我们要反复提醒小朋友——

第一，课间上厕所。提醒小朋友课间10分钟是上厕所的时间，不一定非要等到有尿意才去上厕所。

第二，小心滑倒。提醒小朋友不奔跑，慢慢走，厕所地面可能有水，要防滑倒受伤。厕所内若有台阶，上下要小心。

第三，不乱扔杂物。提醒小朋友不要把玩具、纸片等杂物扔进厕所，以免堵塞。

一年级怎样保持个人卫生？

【管建刚】

上厕所是一项自理能力，保持个人卫生、教室卫生也是一项自理能力。

【王　琴】

一年级写字用铅笔，小手与桌子特别容易脏，一不小心小脸蛋也被蹭得黑黑的。小学教室不像幼儿园教室有水龙头。怎么办？

1. 准备一包消毒湿巾。

虽然我们经常教育学生"饭前便后要洗手"，但有时学生做不到真的不能怪他们。比如眼保健操，有的学校第二节课下课铃声刚结束，眼保健操的铃声便响起，学生压根没时间洗手；也有下课了，老师提醒学生眼保健操前去洗洗手，学生忙着玩耍也没去。两只黑黑的小手贴到了脸上、眼上，有多少潜在的细菌啊！

书包里备一包湿巾，眼保健操前要求学生拿出一张消毒湿巾擦擦手，顺带擦下桌子，保持干净的小手才能保护学生的眼睛。就餐前，没有时间洗手，也可以用消毒湿巾擦擦手。

2. 准备一块抹布。

同办公室的吴老师，午休时间不是赶着学生写作业，而是拎着她的超大毫升清洁剂，进教室让学生擦擦自己的桌子、桌肚。吴老师给每张桌子喷少量清洁剂，学生拿出准备好的抹布热火朝天地擦着桌面。教过低年级的老师都知道，学生的桌子不仅有橡皮屑、铅笔痕迹，还有小调皮在桌上乱涂乱画。学生在脏兮兮的桌子上写字、喝水、吃点心，哪怕小手洗得再干净也没用。有的学校食堂不够大，会让学生在教室吃午餐，一张干净的桌子多么重要。

不少老师有让学生保持桌子干净的意识，但不知道怎么落到实处。午休时间，小学生精力旺盛不愿意午睡，这段时间把桌子、桌肚擦擦干净，多好。吴老师自己的讲台上铺着一块蓝色底的餐桌布，既美观，又方便打理，真正做到了干净整洁、言传身教。一年级，我建议准备好一块抹布，带领孩子时常擦擦自己的桌子，这是多好的劳动教育啊！

3. 准备一副小笤帚簸箕。

黑乎乎的铅笔屑、橡皮屑，被撕成碎片的小纸屑，即使班主任耳提面命要求保持干净，小朋友也经常视若无睹。每次我皱着眉头提醒后，小朋友蹲在桌子底下用手去抓垃圾、抓铅笔屑，两只小手即刻变得脏兮兮。而班里的扫把、簸箕少，每次打扫班级卫生，值日生都抢着用，如果每个小朋友都有一副小扫把、簸箕，把自己的"一亩三分地"打扫干净，那就好了。

建议让每个小朋友买一个小扫把（类似于小刷子），再搭配一个小簸箕。一到下课，小朋友也不出去乱跑了，喜欢用小扫把把自己桌子周围的地面清扫干净，再用小簸箕把垃圾放进垃圾桶里。

教室干净、桌面干净的班级，教学质量都很不错。你想，脏兮兮的班级怎么可能有好的学习氛围？怎么有好的学习状态呢？

一年级怎样保持教室干净？

【管建刚】

大扫除有点像作秀，保洁才是素质和教养。如何"保洁"呢？

【朱　红】

首先，学生要树立正确的卫生观念。

开学初，我发现地上有垃圾："小萱，你桌子底下有个纸团，捡起来。"

"老师，这不是我扔的。"小萱睁着大大的无辜的眼睛。

哦，一年级小朋友垃圾也要有主人的，不是自己的就不捡。如果知道是小明的，还会一脚"帮"他踢回去。难怪"一换、二对、三推、四捡"，还是捡不干净。问题出在"垃圾归属权"上。

"同学们，我们共同生活在这间教室里，每天都要在这里上很多节课、学习很多知识，这间教室就是我们共同的家。你们是希望生活在一个干净明亮的教室里，还是一间遍地垃圾的教室呢？"

孩子们肯定选择干净明亮。

我点点头："总有一些小朋友不小心把垃圾掉在地上，或者故意扔在地上，如果大家都不捡，垃圾越来越多，蟑螂啊、老鼠啊都以为这里是它们的家了，我们的地盘就被它们侵占了，你们愿意吗？"

"哈哈哈！"小朋友们一想到这个画面，又害怕又好笑，纷纷表示不愿意。

于是我提出了两点要求：（1）不乱扔垃圾，垃圾一定要扔进垃圾桶里。（2）看见垃圾主动捡起来，丢进垃圾桶。我特别补充："自己座位的周围，不管是不是自己扔的，都要捡起来。如果垃圾在两位同学的座位之间，谁先捡起来表示谁最爱卫生，老师最喜欢谁。"

现场演示：我在小萱的桌旁掉了张纸巾，小萱马上捡起来了，我表扬她。我又在小萱和同桌接壤的地方，掉了一张纸巾，两人同时去捡，我表扬了他俩。

此后多数孩子看见垃圾知道捡了，少数嘴碎的孩子听见老师喊捡垃圾，也不再说"这不是我扔的"了。

其次，教室卫生要注意三个时段。

1. 课间。

下午进教室，只见桌椅凌乱，纸团满地。看看课程表，上一节音乐课，哦，刚毕业的新老师没有经验。于是我在QQ上给她留言，如何做好课后常规。我们建了一个QQ群，任课老师都在里面，有什么事也在群里沟通，统一课间清洁要求。结课口令，虽然我每次都用，任课老师不一定记得，于是我请小干部喊口令，带大家做"一换、二对、三推、四捡"。这样一来，每一个课间都能做好。

2. 午饭后。

我们在教室里吃饭，总有几张课桌上残留着几粒米饭、几滴汤汁和油水，小主人却跑得没了踪影。午休铃一响，孩子要在桌面上休息，这显然不行。每次吃饭前我都强调和训练：端餐盘时双手端住餐盘两边，务必小心，不烫到自己，也不打翻饭菜。吃饭前在课桌上铺开一张餐巾纸，用于吸附油渍，保护桌面。如有骨头、辣椒、花椒等，放到餐盘的空格子里。需要添饭添菜的，勺子放到餐巾纸上再去。吃完饭，放好餐盘，用湿巾擦嘴、擦手，再擦干净桌面，最后擦一遍地面，收拾干净小组长检查合格再玩耍。

3. 放学前。

我培养了一名值日小班长，由她来喊值日口令。

值日班长：湿纸巾——生：拿出来。

值日班长：小手——生：擦擦。

值日班长：桌面——生：擦擦。

值日班长：抽屉——生：擦擦。

值日班长：地板——生：擦擦。

值日班长：擦完地板——生：站端正。

值日班长：分小组——生：丢垃圾。

值日班长：第1组——第1组：到。

值日班长：排好队——第1组：丢垃圾。

各小组依次丢垃圾。

最后，要注意一个卫生死角。

课桌抽屉往往是卫生死角，书本、文具、衣服、废纸团都往里面塞，桌肚子撑爆了，都不自觉地往外"吐"东西。

一开学我们就规定：

1. 每个小朋友准备一个带拉链的文件袋，除语文、数学之外的教材都装在袋子里，放抽屉里，抽屉更整洁。文件袋不必带回家，减轻书包重量。

2. 抽屉里放一包湿巾。

3. 水杯统一放到教室后面的架子上，每个小朋友的水杯固定位置。

4. 午休完，午休神器整齐叠放，统一用长方形颜色一样的袋子装好，把几个边理直。

每天放学打扫完卫生，我都要检查课桌抽屉。总有十来个小朋友的抽屉摆放凌乱，书本没有放进文件袋，铅笔、水彩笔没有带回家，没有画完的画纸、用了的废纸团、午休神器等胡乱叠放着。他们是我重点关注的对象，上课路过他们那里，我会弯腰查看他们的抽屉。课后会叫住他们，指导他们收拾好东西再玩。

管老师，正如您所说的，保持卫生是一个人、一个班的素质和教养，它不是小事。

第五章　学自理（下）

一年级如何保持桌椅整齐？

【管建刚】

整齐也是一种美。一年级教室的课桌椅总是对不齐，这个难题怎么破？

【李　冶】

习课堂有结课口令："一换、二对、三推、四捡。"其中的"二对"——即对齐课桌椅最难。小朋友是在努力地对齐，然而他们不知道如何前后左右对齐，对着对着就斜了、歪了。

放学后，我在教室里排课桌椅，如果老师自己都不能将课桌椅对齐，今天这样对齐，明天那样对齐，又怎么给学生说清楚呢？

前三排学生个子矮，课桌椅排得紧凑些。后三排的学生个子比较高，课桌椅排得疏朗些。我们的教室地砖是大块的花砖，地砖的美缝是金色的，比较明显。我一排一排地排课桌，终于找到了对齐的标准——

第一排：最中间的两张课桌紧靠讲台，旁边课桌向中间看齐；

第二排：课桌两只前脚对齐地上的金色美缝线；

第三排：课桌两条桌腿对齐地上的金色美缝线；

第四排：课桌两只后脚对齐地上的金色美缝线；

第五排：课桌两只后脚对齐地上的金色美缝线；

第六排：课桌两只后脚对齐地上的金色美缝线。

按照上面的标准排课桌椅，五六分钟就全部排好了。老师自己搞清楚了，才能把学生教清楚。怎么才算老师自己搞清楚了？自己做了，并且做到位了。

现在我知道怎么训练一年级小朋友了。

第1步：认识课桌。

课桌主要由"桌面、桌肚、桌腿"组成。桌面的凹槽是放笔的，桌面的左上角放书本。桌肚里要分区域：左边按照数语英的顺序放书本，右边只能放文具盒、餐具和纸巾。

我把桌脚的照片投影出来，大家一起认识课桌的"四脚两腿"，四只"黑脚"和两条"长腿"，"四脚"分为"前脚"和"后脚"。我又请小朋友给老师介绍自己课桌的"四脚两腿"，师生相互指认、男女生相互指认、左右同学相互指认，当"前脚""后脚"和"两腿"明确了后，给出对齐标准。这个认识非常重要，因为"对齐"有的要看桌脚，有的要看桌腿。

第2步：认识什么是"排"。

竖着的叫组，横着的叫排。横向对齐的，要让学生知道自己是哪一排的，先让学生数一数教室里有几排，然后请第一排、第二排、第三排……的学生，听到排号依次站起来，再随意抽取一排学生站起来。几轮下来，学生就都知道自己是哪一排的了。

第3步：横向对齐定参照物。

指导每一排的学生知道自己的对齐标准。一年级学生的注意力容易分散，怎么办？万事皆可有口令。我说"横向对齐"，学生说"左右两脚（腿）看金线"，也就是前面两只桌脚或后面两只桌脚对齐地面的金线。

我再喊："横向对齐！"学生低头寻找自己的金线。付艺翔皱着眉头不知所措，他是第三排，应该用两条桌腿对齐金线，而口令是"左右两脚"，他迷糊了。我马上告诉他："你们第三排的小朋友是桌腿对齐，跟别的小朋友不一样，应该是'左右两腿'看金线。"其他第三排的小朋友听到了，重复"左右两腿对对齐"。

第4步：纵向对齐定参照物。

纵向对齐也要"脚对线"，每一排对齐的线也设置了标准。

纵向对齐是看课桌的左右，向前看齐。课桌的四只脚要看左右同侧的前后两只。比如第一排对齐左边的金线，第三排对齐的是右侧的金线。

纵向比横向简单一些，因为大部分情况下是向前看的，学生很容易发现自己的课桌是否歪斜，我看到了也会提醒。所以老师一喊口令，就能迅速对齐，对得不够齐的我只要伸出手臂示意，马上能调整过来。

【管建刚】

一年级开始，课桌椅随时保持整洁、整齐，这个班各方面都不会差。一年级培养小朋友的自理能力，就是为孩子的全面发展打基础。

一年级如何整理书包和抽屉？

【管建刚】

不少小朋友的书包里脏兮兮的，抽屉乱糟糟的。怎么培养一年级小朋友整理书包和抽屉呢？

【朱红】

1. 先说说"整理书包"。

首先是课本、作业本的整理。

我要求小朋友准备三个文件袋。第一个文件袋装语文书和语文作业本，第二个文件袋装数学书和数学作业本，第三个文件袋装音乐、美术、体育健康、科学、英语、道德与法治等课本。

第一个、第二个文件袋，每天装进书包里，带回家读书、背书，家长检查书本上的作业等，第二天再带到学校里。第三个文件袋统一放到课桌抽屉里，不带回家。

备注：新华字典，课桌抽屉里放一本，家里放一本。

这样的好处：减轻书包的负担；节约每天晚上整理书包的时间；还可以应对临时的调课，避免因临时换课而没有教材。

然后是其他物品的整理。

铅笔、橡皮、尺子放在一个小笔袋或文具盒中，既方便拿取又不易丢失。彩笔、剪刀、胶棒之类等老师通知，需要用时才带到学校。

水杯、纸巾、口罩、跳绳等个人用品放在书包两侧的网兜，一边放水杯，一边放跳绳，跳绳要卷起来。备一小包手帕纸，放到书包最外层的小包里，口罩也放这里，便于随时取用。

最后，我跟家长约定，每周六上午全面清理一次书包。

家长指导孩子取出书包每一个隔层的东西，语文、数学文件袋里的书本翻看一下，如有卷角，可用长尾夹夹住，再压上重物（如厚书）放置一整天，再放回文件袋；如有撕破的页码，须用透明胶带粘好；如有乱涂乱画，须擦干净；铅笔、橡皮、尺子若有遗失或损坏，须及时补充或更换，并贴好姓名。文具盒里确保有五支铅笔、一块橡皮、一把直尺，语文、数学书和作业本整洁，无卷角，无乱画，无破页。

没有及时更换的口罩，用了没丢掉的纸巾，纸折的飞机、手枪，捡拾的树叶、石子儿，带了而忘记喝的牛奶，手工课带了剪刀、胶棒没有及时拿回家的，老师发的学校通知单等，一周清理一次，保持书包的整洁和轻便。

2. 再说说如何整理课桌抽屉。

首先，要把课桌的抽屉分为三个区域。

（1）副科固定区。位于抽屉左侧，基本保持不变，需要什么课程，取出用完后及时放回。

（2）主科动态区。位于抽屉中间，语文课则从书包里取出语文文件袋放到抽屉里，教材、任务单放于课桌左上角，文件袋（内含作业本）放到动态区，下课后将语文书放回文件袋，装回书包；数学课亦如此。

（3）杂物区。位于抽屉右侧（文具盒、湿巾纸须竖放），放文具盒、新华字典、一包湿巾。新华字典、湿巾留在抽屉，不带回家。

注1：水杯放书包的侧袋，不能放进课桌的抽屉，以防倾倒漏水，打湿书本。

注2：每天放学时，小老师在黑板的右侧贴出第二天的课程表，方便学生提前做好相关准备。

然后是保持课桌抽屉的整洁、有序。

（1）早上。

早上到校后，根据当天的课程表，把书本、物品放在"主科动态区"和"杂物区"。习课堂有结课口令：一换，二对，三推，四捡，上完厕所再喝水。其中"换"就是换课本，把用了的课本收回文件袋，取出即将用到的课本。

（2）午后和放学。

每天午饭后、放学时分别花5分钟时间整理课桌抽屉，清理垃圾和不需要的物品，将散落的物品归位。午饭后，值日生提醒大家用湿巾擦桌面、抽屉，地面卫生收拾好才能出去玩。一开始，总有贪玩的孩子连嘴也不擦，更别说课桌和地面了。我会派人去把他们叫回来，做好了才可以去玩。

午饭后由各组卫生小组长检查，老师不定期抽查。做得好的同学可以申请做"整理小老师"，指导做不好的同学，可以挣小贴纸，1个贴纸相当于1Q币。

（3）三分钟小活动。

每周五放学前开展"3分钟整理抽屉计时赛"。大屏幕打出倒计时，一声令下，学生开始清理抽屉，将三份文件袋一一归位，收拾整齐，抽屉里的垃圾清理干净，用湿巾擦拭抽屉内部，装好书包，收拾完毕站端正。

规定时间内最先完成且合格的小组，每位成员获得1个贴纸，最后一名的小组若超时完成要扣贴纸，若没有超时则不扣。后面可以逐步缩短时间，3分钟、2分钟、1.5分钟。个别慢的小朋友布置"个性作业"——回家训练收拾书包、整理物品，并拍视频单独发给老师。

一年级新生如何学会吃饭？

【管建刚】

说来惭愧，到现在我才知道刷牙有"三三"原则，每天刷牙三次，每次不少于三分钟。一年级新生会吃饭吗？会，可是……

【薛卉琴】

我们学校有"营养早餐"。每个学生国家每天补助 5 元早餐。早上学生来到教室可以吃到热腾腾的小米粥、刚出锅的煮鸡蛋，还有香喷喷的肉松饼。

带一年级新生吃早餐，状况百出——

很多小朋友不会剥鸡蛋，不会给粥罐中插吸管。还有几个小朋友举着鸡蛋告诉我："老师，我不想吃鸡蛋！"也有孩子嚷嚷："我最不爱喝小米粥！"还有几个小朋友喝了几口粥后，把粥罐横放在桌上，粥从吸管中流出来，糊到了桌子上、孩子的衣服袖子上、桌上摆放的书本上。一个小男孩把插了吸管的粥罐扔到地上，顿时，地上溢出一摊黄兮兮黏糊糊的米粥……

以前我一直带高年级，以为吃早餐根本不是什么事儿。时间到，早餐分发给学生，至于他们怎么吃的，吃得怎么样，还真没关注过。如今面对一年级小朋友，20 分钟的早餐时间，整得我晕头转向不说，问题还是问题，一个都没有解决。

带着深深的挫败感回到办公室，脑海中还是乱哄哄的早餐画面。没想到，一年级连吃早餐都成了大问题。想起了习课堂口令管理，对，创编早餐口令，用口令管理早餐!

1. 早餐准备口令。

"早餐到,快坐好""餐盒餐盒,快打开""端端正正,放桌面""小手擦净,吃早餐"。

2. 吃早餐口令。

"营养餐,有营养""多吃早餐,身体棒""乖孩子,不挑食""样样早餐,都爱吃"。

3. 剥鸡蛋口令。

"手拿鸡蛋,磕一磕""放在手心,搓一搓""一点一点,往外剥""蛋壳放在,纸巾上""包起放进,垃圾箱"。

4. 喝粥口令。

"营养粥,香喷喷""好孩子,爱喝粥""拿吸管,找尖头""左手握罐,右手拿管""对准封口,用力扎'针'""粥要喝干净,一点不浪费""空粥罐,不乱扔""全部装进,垃圾桶"。

大课间带孩子记口令,我读一句,孩子们跟一句。反复练习后,我们练"对口令",我喊前半句,孩子们喊后半句。对口令,孩子们特别感兴趣,因为一部分孩子记住了,只要他们一带头,大家马上都能喊出来。我变换语速、变换音调喊出口令前半句,孩子们饶有兴趣地跟着我变换语速声调对后半句,所有孩子的注意力全都被吸引过来了。之前那些扭腰挺肚的、钻桌子底下的、吮吸手指的孩子们,都兴致勃勃地跟我对口令。教室里一下子秩序井然了。还别说,口令管理就是有奇效!

练了一个大课间,孩子们比较熟练了。我找了一个声音清脆洪亮的孩子当早餐口令官,站在讲台上喊口令。孩子们兴致更高。整齐响亮的口令,引来了隔壁二年级的同学,他们也趴在窗台上跟着口令官对口令。一年级的小屁孩更起劲了。

第二天的早餐时间,我提着篮子去教室,远远听见早餐口令官在喊口令:"早餐到,快坐好!""餐盒餐盒,快打开""端端正正,放桌面""小手擦净,吃早餐!"

走进教室，孩子们端端正正坐在椅子上等待老师发早餐。

"老师，今天的早餐是什么?"快嘴的小欣忍不住问我。

"今天的早餐很丰盛，有鸡蛋、牛奶，还有面包和鸡腿。"我一边放早餐，一边说，"不过，谁对不上口令，可就吃不上早餐了哦!"

"早餐到，"我话音未落，孩子们齐声喊："快坐好!"边喊边伸直了腰背。

发早餐前，我和孩子们对吃早餐口令："营养餐，有营养!""多吃早餐，身体棒!""乖孩子，不挑食!""样样早餐，都要吃!"

我拿着一颗鸡蛋，一边喊剥鸡蛋口令，一边做动作，带领孩子们一起剥鸡蛋。神奇的是，全班同学都能顺利剥掉鸡蛋壳! 示范是最好的教，这话一点都不假!

吃鸡蛋前，我们又来了一遍吃早餐的口令。奇怪的是，昨天嚷着不爱吃鸡蛋的几个小朋友，居然最先吃完了鸡蛋!

随后我们实操了喝粥口令，孩子们都能顺利插吸管，将粥罐中的粥喝干净，而且做到了一滴不漏。

短短一周，孩子们吃早餐不但井然有序，而且干净、迅速。不得不说，对一年级小朋友而言，口令管理不但有效，而且哪里都能用!

【管建刚】

口令对一年级小朋友的确有效果，然而，最本质的还是薛老师知道：一年级孩子吃饭是要教的、是要管的!

一年级如何选用"领读员"？

【管建刚】

一年级晨读也可以用"领读员"。那一年级"领读员"怎么选？如何练？

【周　静】

谁来当早读领读员？根据我们学校的情况，"领读员"要具备三个特点：

1. 领读员早上7:40前要到班级，7:50前是静默阅读时段，7:50－8:10是晨读时段。

2. 领读员吐字要准确、有力、清晰流畅，声音洪亮，精神昂扬，姿态大方。

3. 会用口令组织管理好每位同学，手持课本，声音响亮有力，精神饱满。

一开始我犯了一个错：目标都在女生身上。我觉得一年级女生乖巧，男生很皮，所以男生根本不在我的考虑范围。

王娅茹和杜悦昕来得都早。可惜杜悦昕声音比较轻，没有领读员的气势。王娅茹声音响亮，可惜她朗读会拖调。我又看中了李盈菡，她负责管理班级的课间纪律，会管理，有威信。李盈菡读书声响亮又好听，优美的文字在她的朗读声中就像是一串串悦耳动听的音符。可惜她家离学校比较远，仅过一周，李妈妈心疼女儿睡不够，婉拒了。

这时我才想到了男生，开始向男生抛出了招募令。

"被选上领读员，每个月有两次免做回家作业的机会。"这下，一向对朗读不感兴趣的男生可炸开了锅，一个个前来报名。初选后，留下田一航和柏翼泽。两人学习成绩不错，但都很内向，我着实捏了把汗。

瘦小的田一航站在讲台上，他从始至终都只盯着自己的语文书，不看台下的其他同学，我提醒他去关注大家的读、协调大家的读，他做不到。

柏翼泽一开口，着实把我惊了一下，声音竟然这么响亮，其他同学随后也跟着读了起来。我原以为他只是第一篇课文读得响亮而已，没想到直到早读的时间结束，他都能保持这样的声音。他家离学校也比较近，于是我请柏翼泽当"领读员"。

选好了"领读员"，我们还要培训领读员。

首先，"领读员"要知道读什么。

1. 不需要背诵的课文，先读课文的一类字和二类字，每个字读三遍，再读一遍课文。

2. 要背的课文、古诗，读一遍再背一遍。《语文园地·词句段运用》里的成语，"日积月累"部分，也是读一遍再背一遍。背得不流利的部分，要重背一遍。比如《秋天的雨》第二自然段背得不熟，那就重背一遍。

其次，"领读者"的站位。

不是站在讲台那里不动。发现有同学不认真，要走下去，看着他，提醒他。我告诉柏翼泽，你起一个读书的"头"后，任务不是"读"，而是看下面的同学。

最后，"领读员"要有奖惩权利。

读得认真的，领读员可以盖激励印章。有的同学进教室5分钟还没拿出语文书，有的同学声音放低，装模作样地读，提醒了还不改，名字记录在"班务日志"的早读情况一栏。被记名字的同学课后来办公室读给老师听。

前两周，我都陪着柏翼泽一起领读，出现什么问题便指出来，有什么好的地方给他点赞。第三周我故意晚点进教室，才到走廊，听到我们班整齐的朗读声，我就知道这个晨读的领读员选对了，培养成了。

【管建刚】

周老师的案例告诉我，老师要警惕自己的思维惯性，我们的思维惯性会耽误一批孩子。

【张　怡】

一年级的晨读"领读员"的选拔和使用，我再补充一下。

第一，"领读员"的竞选。

"领读员"的三个条件跟周老师差不多，我稍微再展开一下：

1. 读书"不拖调"。何为"领读"？要带着大家一起读，如果"领读员"

都拖调，那其他学生也会照样学样。

2. 声音要响亮。"领读员"的声音轻，其他同学听不清，大家也会读得轻，全班朗读没有气势，一年级学生会越读越没劲。

3. 口令组织和管理。学生拿出语文书，要用上"语文书，快打开"这一条口令，让学生书空说笔顺，要用上"金手指，伸出来"的口令。

我会选四位"领读员"。因为一周有四天语文早读，每天一个，这样"领读员"不累，四个人还可以比一比。报名的学生有一周时间在家里练习，爸爸妈妈当学生，自己当"领读员"。一周后，我在早读课上评选"领读员"，选出了小陈、小顾、小黄以及小沈。我告诉学生，第一周为试用期，主要看"领读员"有没有及时到岗，能不能带着大家有序朗读。

一般7:45有一半学生到校了，所以我规定7:45分开始早读。一年级下学期主要领读这几项内容：（1）读课文。（2）读蓝色通道，每个生字读三遍。（3）书空写生字笔顺。当"领读员"的同学，当天不能晚于7:45到教室。两次未及时到岗，取消"领读员"资格。

"领读员"喊"说拿语文书"，学生边喊"就拿语文书"边把语文书拿出来，"领读员"喊"说翻第几页"，学生边喊"就翻第几页"就把语文书打开了。晨读到8:00，全班安静读课外书。"领读员"喊"课外书"，学生边喊"放起来"边把课外书放好。

说明：中高年级的学生到后可以先安静阅读课外书，等人齐了再朗读课文。一年级小朋友在老师没有到场的情况下，很难安静阅读，所以反过来，先齐读课文，老师到后再安静阅读课外书。

第二，"领读员"的实战训练。

小顾领读时整个人趴在讲台上。我告诉小顾，"领读员"是全班的榜样，要注意自己的一言一行，领读时身子要挺得直直的，底下的学生看到你挺直了，他们才会挺直。

小陈带大家书空写笔顺时，头一直低着。我告诉小陈，书空说笔顺时，要抬头看着大家书空写笔顺。

四位"领读员"都只顾着跟大家一起读，忘记了听，有的字底下的同学读错了,他们没听出来,还继续读;有的句子读得很拖调,他们没听出来,还继续读下去。我告诉四位"领读员",领读时你们的任务是"听",读错了或者拖调,要停下来示范读一遍,其他学生跟着读一遍,读对了再往下读。经过三次的实战训练,他们都能按照我的要求去做。

周三小黄领读,走进教室我很舒心,不仅能听到琅琅书声,还能看到学生们一个个精神十足,小脚也很规矩。原来,小黄在领读过程中,还会观察同学的身板和小脚,看到很多人身子歪了,她会喊"小身板",学生边喊"挺起来"边把身板挺直,看到很多人的脚不规矩了,她会喊"小小脚",学生边喊"放放平"边把小脚放平了。

我表扬了小黄,其他"领读员"听了,也立马照做。

第三,激励"领读员"。

"领读员"要有成就感,才能越做越好。成就感从何而来?

1. 佩戴标志。可以从淘宝网上购买几张"领读员"的臂章,又便宜又有效。

2. 老师点赞。有了领读员,老师不可以当甩手掌柜。至少最初的一个月,老师要每天都进教室,领读员的实战能力得到充分锻炼,学生的晨读习惯基本养成后,老师可以偶尔不到教室。老师在教室里的作用是发现领读员的优点,如领读员能发现其他学生的错误并及时纠正,我会这样表扬:"小陈听得真仔细,连轻声字都关注到了,'早晨'的'晨'在这里读轻声,这是张老师上课一直强调的,谢谢小陈代替张老师不断提醒大家。"如此,领读员才会越做越好。

3. 同学进步。当我看到全班学生在"领读员"的带领下井然有序地晨读时,会立刻拿起手机拍下这一美好的画面,等早读结束,放给全班同学看,并说道:"你看,你们在小黄的带领下,读得多么激情澎湃,你们配合得多么默契,再也不是以前乱糟糟的样子了。"然后让全班把掌声送给自己和小黄,小黄脸上露出了无比灿烂的笑容。

4. 家长认可。每次拍下的视频我都会发到班级群，并附上一句：我们班在小沈"领读员"的带领下，井然有序！附上三个大拇指，并@小沈的家长："小沈的领导力真强，你们把孩子培养得真优秀。"小沈的家长发了一个害羞表情，其他家长看到了一个接一个竖起大拇指，我立刻把截图给小沈看，小沈脸上露出了无比自豪的神情。

【管建刚】

既要能"领读"又要会"管理"，这样的"领读员"一时找不到怎么办？早读可以一个"领读员"加一个"管理员"，一个专门负责"领读"，一个专门负责"管理"，效果也很不错。

一年级可以有哪些小老师？

【管建刚】

大老师鞭长莫及的地方，小老师能起到不可替代的作用。一年级哪些地方可以有小老师呢？

【杨清蓉】

我们一年级有如下的小老师——

1. 带读小老师。

一年级学生自由读，"一手指字、一手握拳"，读完第一遍竖起左手的一根手指。老师巡视时注意读得正确、流利、不拖调的同学，同时观察哪些一根手指也没竖起来的学生、半天读不了一遍的同学。这时候，我就在他们周围寻找竖起两根手指的同学，请他们当小老师。小老师起立并放大音量带读。读得磕磕巴巴的同学听着小老师的领读，也跟着一起读。

小白属于零起点的学生，其他人熟练地读着课文，她指着字半天动不了，拼音不会，字也不认识，卡在那里。她身边的雯雯拼音学得快，字认得多，于是我让雯雯起立并稍微放大音量带着小白一起读，小白指着字一个一个地跟读，正确率提高不少。

2. 生字拼读小老师。

生字条的拼读关键是座位安排。入学一个月后座位搭配安排，读得准、拼得好的同学与能力稍微差一点的人做同桌，如有落单的学生则跟老师做搭档。同桌缺席的同学，拼读时就近快速寻找落单的同学做临时搭档。

生字条拼读的实施步骤：第一遍，两人一起拼读；第二遍，一个读一个听，读得好的教读；第三遍，蒙着拼音读，出现不会的，看一下拼音再读。

生字条拼读的成果检验：老师抽弱的学生读，如读得好，搭配的两位同学都得到奖励印章。阳阳，认识的字比较少，很多字拼不出来。读生字条的时候，旁边的小老师思思带着她一起拼读，这样比她自己拼读的效率高了不少。拼读完的检测，阳阳拼正确了大多数的字。我给他俩都盖了奖励印章。

3. 作业小老师。

习课堂的任务二、任务四是学生完成任务单上的书面作业。

实施步骤：老师关注速度慢、错误率高的学生，然后在这个学生的周围寻找作业小老师。作业小老师标准：完成任务单的正确率高；完成的速度快；座位靠近需要帮助的同学。作业小老师读奖励题时，请他来到需要帮助的同学旁边。注意：大老师要跟小老师约定好，可以帮忙读题，可以提示，但不能帮忙写。

语语同学拿笔慢悠悠、作业慢悠悠，拿着笔看半天才写一个字。一旁的凡凡作业速度快，正确率也高，奖励题很快背出来了。我指定他当语语的小老师，看着语语写任务单。语语见有人看着，一题接一题地做，倒计时闹钟响前，语语完成了任务单。

4. 词语小老师。

一年级习课堂的第二课时，课件里有生字组成的词语。一次自由读词语，我选了几个读得最认真投入的同学，把手里的教鞭交给他们，他们在前面教读一遍，下面的同学跟读一遍。看到有同学上去的那一瞬间，所有人的坐姿都比之前更端正了，小眼紧盯着黑板，认真地读着，包括最不容易集中注意力的菁菁和全全。一个小老师教读，让孩子们满血复活。

词语小老师的要求：①略微偏向中后等生。②根据组词排列的行数，决定小老师的人数，有几行选几个小老师。③小老师卡壳时，下面的同学一起教读。④小老师排着队，拿着教鞭（一年级孩子身高不够）。⑤小老师指读词语口令。小老师：请跟我读；学生：就跟你读。

5. 课间小老师。

然然、皓皓、诗诗、全全完成课堂任务慢，一下课又跑得无影无踪。课间小老师可以帮忙搞定。

课间小老师的选择不用按照座位就近原则。读得好、拼得好、任务单正确率高、愿意当小老师的同学，都可以。完成任务后，小老师和被教的同学一起获得奖励。课间的印章奖励比课堂上的多盖两个。

第六章　学翻书

　　有的学生翻书又快又静，有的学生翻书懒懒散散，等最慢的那个小朋友吧，舍不得宝贵的课堂时间；不等吧，班级就不像个集体。怎么让一年级新生听懂翻书要求？一年级如何做到翻书 1 秒？翻书训练有哪些注意点？本章告诉你。

一年级新生翻书为什么慢？

【管建刚】

　　一年级有口令"语文书，快打开"，怎么做到"快"？用磁性书签。有了书签"语文书"就能"快打开"吗？

【张　怡】

　　用了磁性书签，一定程度上提高了学生翻书的速度，但没有达到预想的效果。问题在于——

1. 书签什么时候夹？

　　一年级的第一个月，课前我会提前 5 分钟到教室，告诉学生语文书夹第几页，任务单夹第几页。学生夹好后，同桌互相检查，个别学生书签用得不熟练的，要手把手教，课间休息时间就这样被我霸占了。不妥，怎么办？

　　一年级孩子早上到校后，基本没什么事可做，无非画画、玩玩橡皮泥。小袁同学每天来得特别早，于是我交给他一个小任务，一到学校就把任务单发下去，每组的任务单上都有彩贴，第一组蓝色，第二组黄色，第三组绿色，第四组粉色，所以发任务单不成问题。

所有学生到校后，我就在黑板上写了两行字：

第一行：语文书 P32

第二行：任务单 P37

先带着学生念一遍，然后告诉他们这个"P"代表页数，"语文书 P32"就说明书签要夹在语文书的第 32 页上，"任务单 P37"说明任务单的书签要夹在第 37 页，老师每天都会提前在黑板上写上这样两行字，你们根据黑板上的页数夹好书签，将语文书、任务单放至左上角。一开始，个别小朋友需要提醒。一两个星期下来，不用提醒了。个别忘记的，看着周围同学桌上的语文书、任务单，也会及时夹好。

2. 书签怎么夹?

课上，学生翻开语文书或任务单后，会习惯性地拨弄一下书签；交任务单会先拿掉书签。问他们为什么，他们都说书签一碰容易掉。

以前带高年级也用磁性书签，怎么没出现过这个问题？

原来，很多一年级学生把书签当玩具，上完课就把书签翻来翻去、折来折去，渐渐地，书签的磁性越来越差，一碰就容易掉。我告诉学生，书签是学习的工具，而不是玩具，夹在语文书上的书签应该一直在语文书上，夹在任务单上的书签应该一直在任务单上，书签只能从这一页换到那一页，而不能脱离书本。

换了新书签后，"书签不离书"成了我们的规矩。

书签夹的位置不一样，效果也不一样。左边，右边，上面，中间，下面，每个地方我都试了，终于知道书签要夹在哪里了：首先，书签要夹在所上那一课的右边一页，如果夹在左边，有时候会翻到前面一课，不是特别方便。其次，夹在右边一页的下方，并露出三分之一，露出太多，书签容易掉。

跟一年级小朋友说夹在"下方"，他们不知道"下方"在哪里。于是，我以任务单上右下角的"小气球"为参照物，让他们夹在"小气球"的上面，语文书上是以右下角的页码为参照物，夹在"数字"上面，小朋友一下就明白了。夹好后，放在左上角，看上去还很整齐。

书签夹好了，夹对位置了，翻书是不是又快又整齐呢？不，还得教他们翻书的方法。

3. 语文书怎么翻？

第一步：将语文书移到桌子正中间。原以为是非常简单的一个动作，一年级小朋友却出现了很多问题。由于不懂什么叫"移"，很多学生都把语文书举起来，再放在桌子正中间。举起来的过程中，夹着的书签掉了，左手举起来费力，右手来帮忙，两手一拿，放在桌上时出现各种声音。于是，我告诉学生什么叫"移"，书本贴着桌面上下、左右移动这个叫"移"。我又通过投影示范语文书从左上角移到正中间，告诉学生该怎么"移"。

第二步：语文书沿着书签的地方打开。我告诉学生，右手大拇指按住书签，左手翻开语文书。我想这个动作不用示范。结果不行，有的学生将整个右手按在书签上，有的是用右手大拇指按住的，但整个手腕往里勾，很别扭。我再次投影示范，右手大拇指按住书签的时候，手腕是和手臂处于一条直线。动作示范到位了，再一组组训练。

我发现周逸昊和他的同桌黄黎筱速度非常快，还没看清他们是怎么翻的，他们已经打开坐端正了。于是，我给他俩单独喊"语文书"，他俩边喊"快打开"边做动作，我发现了他们"神速"的秘诀：

（1）他们先将语文书打开，再移到正中间。

张怡：一年级同桌翻书合书视频

（2）他们翻书有方法：左手四根手指压着语文书封面，大拇指抵着语文书下面，这样，语文书的右下角正好卡在大拇指和四根手指的凹槽位置，大拇指顺着夹书签的地方一翻，就能打开了。

全班按照这个方法，打开语文书只要 3 秒。

4. 任务单怎么翻？

要打开左上角的任务单，首先要将它从左上角移到正中间。但是任务单上面往往还压着语文书，怎么移？

第一步：语文书往左上方推。怎么推？左手四根手指压在语文书上方，大拇指抵在语文书左下角，这样移任务单，上面的语文书不会掉，也不会歪。

第二步：右手把任务单从左上角平移到正中间，右手要拿住任务单的右下角，这样最稳、最快。

第三步：翻开任务单。跟翻开语文书的动作一样，左手四根手指压在任务单上面，左手大拇指抵在任务单右下方，右手大拇指按住书签的同时，左手大拇指顺着书签的方向打开。

一年级小朋友，要一步一步分开练。我喊"左手推"，他们用左手将语文书推上去；我喊"右手移"，他们将任务单从左上角移到正中间；我喊"左手翻"，他们右手大拇指按住书签，左手四根手指放在封面上，大拇指顺着右下角书签的缺口处打开。

一遍两遍三遍地练，熟练了，我喊"任务单"小朋友们喊"快打开"时，三个动作一气呵成做出来了。

一年级新生怎么听懂翻书要求?

【管建刚】

李冶老师进行翻书训练,有了一个惊人的发现:一年级小朋友听不懂老师的话。

【李　冶】

这是真的。我们老师自以为讲得很清楚了,一年级小朋友还是很蒙的。比如,准备好了磁性书签,书签夹哪里?这个不是问题的问题到了一年级新生那里,就是个真真切切的大问题。

张怡老师介绍说,要给一年级小朋友明确的"参照物"。比如任务单上有图画,画上有一个小气球,以小气球为参照物,书签夹在小气球的上面。有了这样清楚的参照物,夹书签应该手到擒来了吧?我举着任务单示意位置,再把任务单放在投影上,边讲解边示范。前排几个学生做得不错。再走下去,好几个学生把书签夹在了任务单的中间,还有的盖住了小气球。一问,原来小朋友不理解我刚才说的"夹在小气球的上方",这个"上方"到底有多"上"?看着这只飘了起来的"小气球",我想到小朋友们肯定有买气球后,不小心没抓牢飞走了的生活经验。于是我说:"我们把书签夹在小气球的上面,让书签压着你的小气球,这样你的小气球就不会飞走了。"这时,小朋友们一下子把头抬起来,看向我的任务单和书签,又看了看自己的任务单和书签,挪了挪、摆了摆,书签都夹在了我说的那个位置。

书签夹对了位置,那要怎么"夹"好呢?

书签全部夹在书里,不方便翻页;如果露出太多,翻页不稳容易掉下来。我跟学生说,夹书签时要"露出一点",问题是那"一点"到底是多少?学生五花八门,有的书签露出一点点,不方便翻;有的书签露出一大截,一翻就掉落了。"露出一点"太含糊了,小朋友各有各的理解,可是说"一厘米"一年级也听不懂,怎么办?

我想到了给一个清晰的、具体的参照物。学生摆书签的时候,我看到了他们的大拇指，拇指的指甲盖可以当参照物。我边演示边说："请你跟老师一样伸出大拇指，看看你的大拇指的指甲盖，书签需要露出你的大拇指指甲盖这么多。"夹书签的时候，小朋友们伸出大拇指去比画，很直观地发现自己的书签露得少了，把书签往外拉一拉；书签露多了的学生，就把书签往里顶了顶。这样一来，大家的书签既不露出太多，也不太少，既牢固又美观。

夹了书签，有的学生还是会一页一页地翻，有的学生左右手交替着翻来翻去，看上去很忙，翻得却很慢。那如何用书签来快速翻书呢？

正确的翻书方法：左手大拇指放在露出的那一小截的书签下，再向上翻转，书就向左打开了。越简单的动作越是很难用语言说清楚，面对一年级学生更是如此。除了示范，我想到了学生的生活经验，说："我们的语文书是一扇知识的大门，书签就是这扇门的门把手，用你的左手大拇指轻轻一拨，就能打开这扇神奇的门。"听我说完，小朋友脸上都是不可思议的表情，迫不及待地去打开"大门"了。

一年级新生如何做到翻书1秒?

【管建刚】

一年级小朋友课上翻书只要1秒,收好语文书、打开任务单只要6秒,高年级的老师都惊叹。

【徐 雯】

一年级新生入学,我们第一周不上新课,做习课堂新生常规训练课程。打开书本的口令是"语文书,快打开",我有两点要求:(1) 夹好磁性书签,统一夹在右下方。(2) 能从右下角翻到指定页码。

一年级小朋友都能在10秒内翻页完毕,有时5秒能全班到位。于是我提高了要求,口令大升级——

师:翻书——

生:1秒!

徐雯:一年级翻书1秒小视频

徐雯:花港小学常规训练口令小视频

听到"1秒",小朋友非常惊讶,有人惊呼"怎么可能"。很快有人说:"可能的!"声音来自小姜同学,他说:"只要提前夹好磁性书签,翻书的时候捏住书签,你看,我就能1秒翻到。"小姜还示范了1秒翻到了指定页。

这下,全班士气大振!

提前夹好书签的标准是什么?怎么夹书签能让你做到"翻书1秒"?书签位置固定。语文书的书签夹在页码上方,书签的下边缘紧贴数字的上边缘。

任务单的书签夹在气球上方,书签的下边缘紧贴气球的顶端;并且书签露出书和任务单的侧边1厘米。要告诉学生,1厘米相当于一根手指头的宽度,不然小朋友根本不知道1厘米有多少。小朋友开始尝试,有的一遍就实现了"翻书1秒",高兴地喊:"我也可以,我也翻书1秒了!"看到他们脸上的兴奋和自信,我知道,这次口令升级成功了,进一步节省了宝贵的课堂时间。

换书6秒是怎么来的?

习课堂上，任务一用语文书，任务二用任务单，任务三用语文书，任务四用任务单，一堂课至少要换三次。语文书和任务单的切换，一般要用两条口令：

1. 老师喊"语文书"，学生回"左上角"，语文书迅速放到相应位置。

2. 喊"任务单"，学生回"拿出来"，任务单迅速放到课桌中央。

第一条口令喊出后，老师要组织，看学生是否做到位，然后喊第二条口令，一般要 20 秒左右。"翻书，1 秒"成功后，我想把这两条口令合并为一条，从而节省更多的课堂时间。新口令是——

师：语文书、任务单，换！

生：一合二拉！

口令中的"合"和"拉"，就是学生把语文书和任务单交换位置时，手上要做的动作：左手合上桌上的语文书，拉到左上角；同时，右手伸到左上角拿起任务单，拉到课桌中央，这个动作有点像拉弓箭的样子。

口令升级后，语文书和任务单的切换，一年级小朋友只要 6 秒，节省了 14 秒。

翻书训练的注意点有哪些?

【管建刚】

一年级"翻书"训练,有哪些注意点呢?

【张小玲】

管老师,我想跟大家分享四点。

1. 书本保护。

一年级小朋友拿到书,很新奇,左翻翻,右看看。还拿起书在同伴面前晃晃。这一晃,不要紧,同伴和他玩闹、抢书,书本撕坏了,一连串问题接踵而至。也有上课拿着铅笔在课本上随意画画的,等等。开学后我们要告诫小朋友不能在课本上画画,不能拿着书玩耍、争抢课本。

2. 正确翻书。

徐雯老师和张怡老师对"翻书"做了详细解释,我也是看了她们的文章和视频后进行的训练。我们的口令是"说拿任务单——就拿任务单"。学生说"就"时,左手合书;说"拿"时,右手拿着语文书;说"任"时,左手拿起任务单,右手拿着语文书;说"务"时,左手上,右手下,交叉,任务单放到课桌中间,语文书放到左上角;说"单"时,左手放到三角形书签上(三角形书夹夹在书本右下角,既防止卷页,还可以方便翻书),右手放置桌面,等待老师口令。

老师说"翻书",学生答"1秒",说"1"时,左手迅速翻开书本;说"秒"时,左手下,右手上,坐端正,等待老师口令。要反复提醒学生翻书力度不能大,轻轻翻开即可,不然会损坏书页。

3. 翻页有序。

有的课文要求翻到75页,课上读完了75页要翻到76页,这时学生的注意力在翻书上,齐读不齐了。怎么办?统一口令:"翻页——翻"。

当前一页内容读完时,老师口令"翻页",学生接口令"翻",并快速翻页后,右手食指指在第一行第一个字,开始读书。翻书整齐有序,读书声音统一。一年级下学期翻页熟练了，再取消这一口令。

4. 摆放有序。

任务单一般放左上角。老师喊口令"语文书"，老师右手盖左手，发出啪声，学生回口令"合"，快速合拢书本，放到左上角。老师喊口令"任务单"，左手做抽、放、打开的动作，学生回口令"一抽二放三打开"，任务单放在课桌中央。

以上要求如何落地？需要四步：

（1）示范。第一周，老师亲自示范，学生模仿练习；第二周，小老师示范，学生观摩练习。

（2）练习。小组翻书练习，互相提醒和检查。

（3）比赛。设计翻书比赛小游戏，速度快的奖 5Q 币，慢 3 次者扣 5Q 币。

（4）检查。周一、周三定期检查学生的书本，表扬课本保护得当、书签到位的学生。

【管建刚】

想起自己小时候，开学一个月，书角就翻卷了，半个学期封面就没了。惭愧之中也有一点遗憾：没有人像张老师这样教过我。

第七章　学读书（上）

一年级小朋友要读书了，可什么叫指读？怎么算指读？什么叫同桌合作读？怎么算合作读？一年级小朋友读书容易拖调，为什么拖调？怎么治拖调？一年级如何能做到"0"拖调？读书要"边读边记"，一年级怎么练？一年级读题目也不会，怎么教？本章告诉你。

一年级怎么练"指读课文"？

【管建刚】

一年级读书要用到"指读"，指到哪个字读到哪个字，可以帮助认字；手指能带着眼睛，眼睛能带着脑子，手指有事情干了，小朋友就不容易走神。怎么教"指读"呢。

【张小玲】

我有一个办法：拍摄"指读小视频"。

习课堂新生常规训练课程的第三天是《认课文、认生字表、学读书》，口令"左手压书——右手指字"一会儿就学会了，真要"指读"了，场面极其混乱。小朋友根本不会"指读"，有的指到字的上面，有的指在了字的下面，却离字很远，有的满世界乱指，有的指着自己的书，眼睛看同桌或看老师……

我立马喊口令"不讲话——上拉链"两遍。

幻灯片出示所读内容，我伸出右手食指，和学生同方向在屏幕上指字，边指边要求:"读到哪里,食指指到哪里,眼睛看到哪里。"连续示范了三遍,依然只有一半学生到位。怎么办?——请会指读的小朋友录制"指读小视频"。

郭伊晨端端正正地左手压书,右手一个字、一个字地指在字的下面。我站在他身后录了《上学歌》的指读视频,自习时播放,49双小眼睛齐刷刷地盯着视频,没有搞小动作的,没有吵闹的。看着看着,就去瞧郭伊晨,眼中流露出羡慕、向往的神情。

播完视频,我告诉孩子们这就是正确的指读,这就是"读到哪里,食指指到哪里,眼睛看到哪里"。

视频连放三遍后,练习开始。嘿,还别说,除三四个要纠正,其余全部到位了。

后面的课文学习,我总找一位小老师录制"指读小视频",配上音乐的视频,在课前或课上播放。小郑老师、小刘老师、小范老师、小彭老师……一个个指读小老师带着全班学生练习指读。三天时间,所有的孩子都掌握了"指读"课文。

读任务二、任务四的题目也有问题。找不到题目的,不会用铅笔指读的。怎么办?拍"小视频"。

练习时,播放小老师"用铅笔指字读题"的视频。张晗霖识字量很大,大部分字都认识,请他读题,我巡视、指导,遇到不会读的字提醒。他读一遍,学生跟着指读一遍。每一题读2~3遍,速度相当,学生都能够跟上。

"说指第一大题——"

"就指第一大题。"

"指读小老师读题开始——"

"马上到位。"

"指读小老师"读题,学生用铅笔指读。我巡视,纠正。

管老师,真如你所说,示范是最简单、最经济、最有效、最便捷的教。

【管建刚】

一年级教学中的示范,说100个"很重要"都不为过。示范还要迭代升级,比如"小老师小视频"示范。

一年级怎么读PPT上的题目？

【管建刚】

一年级的PPT会出示任务二、任务四的题目，一年级小朋友读PPT上的题目有困难吗？

【张小玲】

有。

一年级小朋友盯不住PPT上要读的内容，不知道读到哪里，这样，答题正确率必然低。

上《日月山川》，又到了自由读PPT上的题目。小杰左手握拳计数，右手食指隔空指着PPT上的字读。从任务单完成情况来看，小杰这个做法很有效。第二天我再次关注小杰，小杰读PPT上的题目也依然重复昨天的动作。批改任务单，小杰的正确率还是很高。

我很兴奋，我找到了好办法！

我想了一条新口令："隔空——指字"。上《语文园地一》，自由读PPT上的题目，我走到小杰身边："说看小杰——"

"就看小杰！"学生边对口令边看向小杰。

"小杰坐在最后一排，不容易盯住PPT读。怎么办？小杰伸出右手食指，对准要读的字，这就保证他能盯住屏幕上的字。怪不得他的任务单正确率很高。他读PPT有法宝，那就是——隔空指字！"小杰眨巴着眼睛，红透了脸。

我们开始练习口令。老师做镜面动作，边说边伸出左手食指：隔空——

学生迅速伸出右手食指，对口令：指字！

如此反复几遍，再读PPT上的内容：隔空——

"指字。"学生立马对口令，并在鼻子前面伸出食指，做好准备。

我与学生同方向示范："用食指指向要读的字，眼睛死死盯住。读到哪里，指到哪里，眼睛看到哪里。像小杰那样指读。"

学生的手不动了，指向偏了，我便知道他开小差了，马上提醒。读题盯得住了，任务单的正确率提高了，学生"隔空指字"的热情更高了。

顺便说一下，开学三周了，小杰没有一节课是安静的。顽皮到什么程度呢？开学第二周把一同学摔伤，造成脚趾骨折。小杰妈妈说孩子很顽皮，在幼儿园经常挨老师批评。我也常课中点名提醒他。没想到，他的指读不仅帮我解决了读PPT的难题，也改掉了他不专心的毛病。

张怡老师曾说，她经常从一年级小朋友那里找到解决问题的方法。管老师，您也多次说，研究学生比研究教材更重要。现在我终于明白了。

一年级怎么"同桌互相读"?

【管建刚】

同桌互相读,小明读给小红听后,小红读给小明听。然而,一年级小朋友搞明白谁先读、谁后读,都费时不少。

【张萌霞】

一年级要教同桌怎么互相读。

第一步:认清单列和双列。

同桌合作读,小朋友会为谁先读而纠缠,老师要帮他们定好。教室里有四大组、八列。

师:坐姿。

生:端正。

师:我们一共有1、2、3、4、5、6、7、8列同学。(老师边说边用手势跟学生明确每一列学生的范畴)

1、3、5、7列的同学,说举手——

生:就举手。

第一次让单数列的同学对口令,有些小朋友是懵的,不晓得举手;而有的双数列小朋友却跟着举手了,因为小朋友不知道什么是双数列、什么是单数列。

怎么办?反复。我再次边说边用手势跟学生明确每一列学生的代表数字:老师喊"1"就表示"1"数列的同学举手,老师喊"1、3、5"就是表示"1、3、5"数列的同学举手。我继续跟1、3、5、7列的同学对口令,直到都按口令做为止。

再跟2、4、6、8列的同学对口令。有了1、3、5、7列的对口令示范,2、4、6、8列的同学,按口令完成动作的质量明显提高,三次便训练好了。

第二步:多次专项练习。

小朋友清楚自己是哪一列后,可以练习"同桌互相读"了。

师：同桌互相读书。一分半钟读《上学歌》。1、3、5、7列，金手指——

单数列生：拿出来。

师：时间不到——

单数列生：读书不停。

师：左手压书——

单数列生：右手指字。

师：2、4、6、8列——

双数列生：认真听。

师：有不对的——

双数列生：听完再指出。

师：1、3、5、7列，时间动——

单数列生：我就动。

老师说"开始"后，单数列学生手指课文《上学歌》读，同桌认真听，读完，交流30秒。然后是双数列学生读，单数列学生听。

第三步：示范合作细节。

一分半钟时间，单数列学生手指课文《上学歌》读，同桌认真听后，交流30秒。刚开始，还会出现以下问题：

1. 个别单数列学生碰到不会读的地方，停下来不读了；
2. 单数列学生读完，同桌不知道说什么；
3. 同桌指出读书问题，但不知道怎么教；
4. 单数列学生读完1遍，便跟同桌聊天了。

怎么办？我邀请小罗上来当老师的同桌。小罗读课文，我坐好认真听。小罗第1遍读好了。我说："读得真好，时间不到，继续读书吧。"小罗继续读，直到闹钟铃响。我面向全班小结：同桌正确流利读完1遍，可时间还没有到，你表扬一下让他继续读书。

我又邀请小麦同学上来当老师的同桌。小麦读了第一句话，停下来不会读了。我说："请你跟我读。"我读一句小麦跟着读一句，直到闹钟铃响。我小结：当同桌不会读时，你带着同桌读，直到闹钟响。

我又邀请小烨上来当老师的同桌。小烨读完1遍，我说：你有个词语没读好，"迟到"读翘舌音，跟我读。小烨跟读2遍。时间还没到，我让小烨继续读，直到闹钟铃声响。我小结：同桌有读错的地方，等他读完1遍再指出，读错的地方，你教他读两遍，再让他继续读书。同桌俩都不会读的，举手请老师帮忙。

几轮下来，读书的认真，听读书的也认真，交流也有模有样了。同桌合作程序输入到位！

单双列合作读，一年级能用在读生字、读笔顺、读词语、读句子等。比如早读课，全班复习4个生字笔顺后，同桌互相练习书空。

师：限时同桌互相书空生字。1、3、5、7列，金手指——

单数列生：拿出来。

师：2、4、6、8列——

双数列生：认真听。

师：开始。

单数列学生限时一分半钟自由练习书空4个生字笔顺，同桌听后交流。再轮换。老师呢，腾出时间课堂管理，有针对性地帮助学困生。

一年级怎么练"边读边记"？

【管建刚】

"一边读一边记"是基本功，要从一年级老老实实地抓，怎么抓？

【张　怡】

一年级学困生有一个共同的特点，读书像小和尚念经，不能"边读边记"。我是这么"抓"的。

第一，抓学生的眼神。

《掌控习惯》一书中提到："在人类所有感官中，能力最强大的是视觉。人体大约有1100万个感觉接收器，其中大约有1000万个专门用于视觉。一些专家估计大脑一半的资源是用于视觉的。"所以，抓住了学生的眼睛，也就抓住了学生的注意力。

不管看着屏幕读词语，还是手指着书本读课文，小罗的眼睛总会看向其他地方，怎么办？一是脚步管理。每次看到他的眼神游离于PPT或书本之外，我就快速走到他身边，弯腰凑到他跟前听读。有时候小罗不知道读到哪里了，我就让他从头开始读，听他读了几个词语或者句子后，我才离开。二是口令管理。读PPT内容前，我会喊"说看屏幕"，学生边喊"就看屏幕"边把目光聚焦到屏幕上，如果小罗的眼睛没有看向屏幕，我就看着他或者走到他身边，再喊一次口令，直到他的眼神看向屏幕。

每次的"读"，我都关注小罗的眼神，一学期下来，他上课明显专心了，每次都手指着书本专心读，不东看西看了。

第二，用好当堂检测。

"边读边记"里有两个关键词，一个是"读"，一个是"记"，《精准大脑》一书中指出：大脑无法同时进行两个任务，除非其中一个任务经过高强度训练达到了自动化水平。

"读"和"记"相比，哪个更容易实现自动化呢？肯定是"读"。"读"如何实现自动化？要有充分的"读"的时间，读书要做到"八不"，即不多字、不漏字、不错字、不磕绊、不卡顿、不回读、不读破、不拖调，大脑才能腾出空间去"记"。以往我的课堂，课上每一个学生的读书时间不足5分钟。学生怎么做到"读书八不"，又怎么记得住呢？

习课堂上，每一个学生都有20分钟左右的读书时间，齐读、自由读、男女生读，每一个一年级小朋友都能在课上把课文读上七八遍，甚至十来遍。读完这句便知道下句是什么了，这就是"读的自动化"。

习课堂上，任务一"读"了10分钟，马上完成任务二的书面作业，任务三、任务四也如此。只有任务一、任务三读得专心，"边读边记"，任务二、任务四才能做到"看书不作业、作业不看书"，有了充分的"读"的时间，又有当堂作业检测"逼"学生一边读一边记，效果非常好。

第三，1分钟专属记忆时间。

习课堂学习古诗有一个环节：设定背古诗的时间。已经会背的学生，这是巩固时间；没有记住的学生，这是记忆时间。有了专门的背诵时间，90%的学生都能在课上完成背诵。

要让后进生学会"边读边记"，一要给他们设置单独的"记忆"时间，可以从简单的"读记词语"开始。期末复习阶段，单元复习中有大量的词语需要学生记忆，光读一读，难写的字还会错很多。每次读后，我会设定1分钟"书空写词语"，学生书空难写的和容易写错的词语，后进生在这特定的"1分钟"里做到了"边读边记"，尝到了甜头，之后的"读"更卖力，"边读边记"的能力也水涨船高。

一年级怎么抓"读书八不"?

【管建刚】

"读书八不"要从一年级第一篇识字儿歌开始,而第一篇课文《秋天》,则是个重要的关节点。

【李 丹】

比起儿歌,课文的朗读要复杂得多。

《秋天》一课,"读正确"方面:除了借助拼音把字音读正确外,《秋天》有三种语音现象:轻声、儿化和"一"的变调。"读流利"方面:要读好逗号、句号、段落之间的停顿,还要做到不拖调。

《秋天》有"一"的变调,如何读好呢?

1. 我给"一"字和后面的字加上拼音,并用不同颜色标注,让小朋友直观地看到"一"字的变调规律。

四声字前读二声	二声前读四声	数字和顺序读一声
yí piàn piàn 一 片 片 yí huì r 一 会 儿	yì qún 一 群	yī 排成个"一"字

2. 老师示范读,学生跟读,自由读,齐读。

3. 去掉拼音齐读、抢读,反复读后,全班学生都能读正确了。

如何读好课文中的轻声字"了""子"呢?采用手势辅助法,小朋友根据老师的手势重读前面的字。"凉了",重读"凉"字,读"凉"字时,老师的手势有力地往下压。小朋友跟读。读"黄了"和"叶子",小朋友也看着老师的手势读。在动作的辅助下,这些词语有了轻重的变化,小朋友学得很快。

儿化音"一会儿",学生只要多跟读几次就可以了。

如何读好逗号、句号和自然段的停顿?我教学生数节拍。逗号停一拍,句号停两拍,段落之间停三拍。小朋友读,老师数节拍。学生读到逗号处,老师数节拍"嗒";读到句号处,老师数两拍"嗒嗒";读到段落之间时,老师数三拍"嗒嗒嗒"。练习两遍后，小朋友自己在心里数节拍，老师手势提示。老师用手在空中往下击一次，表示一拍，以此类推。

第一次读课文，小朋友很容易在每句的最后一个字上拖调，怎么办？示范和带读。一听到拖调，我立刻叫停："请跟老师读，最后一个字没有小尾巴。"然后男女生比赛读、单列双列比赛读，看"谁能剪掉小尾巴"。孩子们有好胜的天性，读得特别认真，拖调的现象也越来越少了。

我惊喜地发现，做到了"读书八不"，小朋友读书时很自然地带上了表情，有节奏地微微点头或晃动脑袋。读正确、读流利是"水"，有感情是"渠"，水到了，渠自然就成了。

第八章　学读书（下）

如何治一年级读书拖调？（1）

【管建刚】

要想"读书八不"，非得改掉"读书拖拉"的毛病不可。张老师，你怎么治"拖调"的？

【张　怡】

我主要用了三招。

第一招：不要"嘴巴跟着手指"，而要"手指跟着嘴巴"。

张怡：小朋友读到哪里指到哪里小视频

《精准学习》一书中提到：当一个孩子注意到字母，并通过手指从左到右每个字母阅读时，学习就变得容易得多。学习英语和学中文道理一样，边读边指着所读的字，才能做到边读边认字。

一年级小朋友的指读，大部分一个字一个字指、一个字一个字读，一句句话读成了一个一个字，于是拖调。习课堂上，一半的时间都在读课文，以期达到"书读百遍，其义自见"。但是，一个字一个字地读不可能有效果，因为这样读没有读流利。只有读流利了，学生才能边读边思考，才能理解句子的意思。那是不是"指读"影响了学生读流利，导致学生拖调？

我选了一篇课文自己指读实践，发现拖调跟指读没有关系，根本在于指读时，学生是"嘴巴跟着手动"还是"手跟着嘴巴动"。一年级小朋友大多是

"嘴巴跟着手"。由于年龄小，手指头不灵活，手指字的速度会比较慢，导致读书也慢。我告诉学生，"指读"应该是"手跟着嘴巴动"，这叫"读到哪里，手指指到哪里"，而不是"手指到哪里，读到哪里"。但是，手指一个字一个字快速地指，实在太累了，也有点跟不上，经常出现"手忙脚乱"的情况。

张雨泽、王茜等一些孩子的手指头格外溜，每次都能跟上，仔细一看，他们是这样做的：读到哪，手指就快速地从字下面滑过去，既认了字，又不影响朗读。我把他们的读书过程拍成了小视频，播放给大家看，大家明白了，训练了几次，效果好了很多。

第二招：读好轻声字、长句子。

哪些地方容易拖调呢？

首先是轻声字。如"的、了、着、呢、么、们"等，句子中的轻声字，我会拎出来。比如一年级上册第1课《秋天》里的句子："天气凉了，树叶黄了""天空那么蓝，那么高"。先让学生读好"凉了""那么""了""么"，要读得轻而快，可效果不太好。后来我学习章秋兰老师的做法，我跟学生说：我们要玩个青蛙吃虫子的游戏，现在你们就是一只只小青蛙，读完立刻要把嘴巴闭拢，这样才能吃到虫子哦！读完"了"，读完"么"，我立刻把嘴巴闭拢。一开始，老师的"闭拢嘴巴"要稍微夸张点，学生觉得好玩。"凉了""黄了""那么"这些词语读好了，再连起来读句子，就没那么拖调了。几篇课文下来，学生也渐渐明白了什么叫不拖调。

还可以用拍子来训练。轻声字读半拍，其他字词读一拍。我给学生示范"一拍"的时长，又示范了"半拍"的时长，大家跟着拍子练习，也能找到感觉。

其次是长句子。一年级小朋友不知道怎么断句，所以要多使用停顿符。一年级下册第1课《吃水不忘挖井人》里有一句：毛主席就带领战士和乡亲们挖了一口井。早读课，我用PPT出示：毛主席/就带领战士和乡亲们/挖了一口井。课上，我示范读"战士""乡亲们""一口井"，再示范读"战士和乡亲们""挖了一口井"，一遍不行两遍，两遍不行三遍，词语、短语读好了，再连起来读句子。第8课《夜色》里的"我也能看见小鸟怎样在月光下睡觉"，小朋友读起来比较困难，我用PPT出示：我也能看见/小鸟/怎样在月光下睡觉。先示范读"怎样""在月光下""睡觉"，再连起来读好"怎样在月光下睡觉"，最后连起来读句子。

第三招：需要"刻意训练"。

课上，一听到学生拖调，我会立刻打断，然后示范读、跟读。那是不是示范了几遍，学生跟读几遍，就好了呢？不是。从"教了"到"会了"中间还有个"刻意练习"的过程。一、二年级放学没有书面作业，可以布置读书训练。

怎么读才有效呢？《刻意练习》一书给了我启发。

（1）确保学生进行正确的练习。习课堂要求老师备课备朗读。我将自己的朗读视频发在群里，让学生照着去读，有读不好的句子，还可以暂停，多听老师读几遍。

（2）练习要有明确的目标。家常课公众号上，发过一年级下册每篇课文的朗读时长，我们每篇课文都以这个时长为标准。通过拍视频，记录自己朗读课文的时长。第一课时要求稍微低一点，在规定的时长上加5—10秒，第二课时就以标准时长为准。家长和学生心中都有了一杆秤，知道自己离目标还有多远。

（3）给予积极正面的评价。家长帮孩子拍好朗读视频，上传后，我会选取读得好的或进步大的朗读视频，发在群中表扬："闫玉涵不仅读正确、读流利了，还注意到了逗号、句号的停顿。""王茜的轻声都读得轻而快了。""沈俊辰的小舌头越来越溜了，离目标越来越近了。"……第二天我还会选一两个读得好的视频，放给全班学生看。

现在，我们班小朋友读书又快又整齐，课堂节奏明快，节省了大量课堂时间，我上课的心情也特别好。

如何治一年级读书拖调?（2）

【管建刚】

一年级为什么容易拖调？找到了病因才好治。

【王　琴】

一年级小朋友读书拖调有四个原因：

1. 没走出"唱读"。幼儿园经常"唱读"儿歌，一年级小朋友没从"唱读"中走出来。

2. 没读熟课文。一年级学生识字量少，生字新词成了拦路虎，经常会回读、重读、拖音读。

3. 过于强调读齐。为了读整齐，学生会放慢朗读速度，从而造成朗读拖调，助词"de"和句末的最后一个字，特别容易拖长音调。

4. 示范不够。不少教师提醒"不要拖调"，或听老师读一遍，漏了扎实的分步训练。哪些词语要连起来读，哪些字要轻声读，哪里要停顿等，要教给学生具体的方法，更要带着学生反复练习。

管老师，你经常说"拖调"拖走的是宝贵的课堂时间，拖来的是课堂上的思维惰性。怎么让学生的朗读不拖调呢？我从"面""点""线"上，三管齐下，取得了不错的成效。

1. "面"上——教师范读。"语文教学的亮点，首先应该在朗读上。"低年级学生向师性、可塑性强，老师范读对他们的朗读习惯影响深远。用了习课堂，我更加重视教师范读了。要让学生读书不拖调，老师就要经常给学生示范怎样是正确、流利地朗读课文。今天要学的课文，早读时间带着小朋友读，老师示范读一句，学生跟读一句，出现拖调，及时打断再次进行范读，小朋友再跟读，直到练好为止。

2. "点"上——具体训练。（1）词语朗读。习课堂每课时的任务一中都有词语朗读，要避免一字一字读。每个词语读上两遍，伸出手指，边读边点，有一定的速度。（2）短语朗读，尤其是助词"的"，比如"又大又圆的西瓜"

中的"的"要又轻又短,可以只读半声,搭配词组一定要连起来读,改变以往的"唱读"习惯。(3)句子练读。习课堂任务三中有很多长句子,哪里该停顿,哪里要连起来读,要做到心中有数。具体的词、短语、句子训练,从"点"上帮助学生朗读不拖调。

3. "线"上——读正确、读流利。一年级朗读训练的重点是正确、流利,也就是常说的"读书八不"。要做到很不容易,必须充分保证学生当堂朗读的时间。习课堂的朗读要面向全体,人人读,齐读、自由读,一个都不能少,要让每一个学生投入到朗读中来。以往的语文课太多时间在提问、分析和讲解,留给每一个学生读的时间太少,而习课堂正是在这一点上做了非常大的改变。

如何治一年级读书拖调（3）？

【管建刚】

为便于一线老师检测小朋友每一篇课文是否做到了"流利不拖调"，李冶老师测读了一年级上册、一年级下册的每一篇课文，得出如下数据——

【李　冶】

一年级上册每一篇课文"读书不拖调"参考时长：

课文	读书不拖调时长	课文	读书不拖调时长
课文1《秋天》	20秒	识字8《升国旗》	25秒
课文2《江南》	20秒	课文5《小小的船》	20秒
课文3《雪地里的小画家》	30秒	课文6《影子》	20秒
课文4《四季》	25秒	课文7《两件宝》	20秒
识字5《对韵歌》	15秒	课文8《比尾巴》	30秒
识字6《日月明》	25秒	课文9《乌鸦喝水》	35秒
识字7《小书包》	25秒	课文10《雨点儿》	35秒

一年级下册每一篇课文"读书不拖调"参考时长：

课文	读书不拖调时长	课文	读书不拖调时长
识字1《春夏秋冬》	25秒	识字6《古对今》	25秒
识字2《姓氏歌》	30秒	识字7《操场上》	20秒
识字3《小青蛙》	20秒	识字8《人之初》	25秒
识字4《猜字谜》	25秒	课文10《古诗二首》	30秒
课文1《热爱中国共产党》	20秒	课文11《浪花》	40秒
课文2《吃水不忘挖井人》	45秒	课文12《荷叶圆圆》	50秒
课文3《我多想去看看》	45秒	课文13《要下雨了》	1分30秒
课文4《小公鸡和小鸭子》	1分10秒	课文14《文具的家》	1分钟
课文5《树和喜鹊》	55秒	课文15《一分钟》	1分15秒

续表

课文	读书不拖调时长	课文	读书不拖调时长
课文6《怎么都快乐》	1分10秒	课文16《动物王国开大会》	2分30秒
课文7《静夜思》	15秒	课文17《小猴子下山》	1分钟
课文8《夜色》	35秒	课文18《棉花姑娘》	1分20秒
课文9《端午粽》	1分钟	课文19《咕咚》	1分20秒
识字5《动物儿歌》	20秒	课文20《小壁虎借尾巴》	1分35秒

课文《小壁虎借尾巴》学生的朗读时长是1分35秒，那就在PPT里插入1分35秒的倒计时。倒计时铃声响之前，学生整齐读完课文算达标，每人可得一个激励印章。这样一来，一年级小朋友就很期待读书。课文读完了，倒计时的闹铃还没有响起，大家很开心，一起静等倒计时响起，情不自禁地鼓掌。

一年级如何实现"0"拖调?

【管建刚】

钱老师,期末一年级无纸化测评,你们一年级16个班没有一个班拖调。听起来平淡无奇,实则太不简单了。

【钱海燕】

如果不是亲自参与、亲眼所见、亲耳所闻,我也不会相信,学校一年级16个班,个个班的朗读都能做到整齐、流利、不拖调,并且,课文都是当场随机抽读的。

花港迎春小学:一年级读书不拖调测试现场小视频

整个一年级中有8位第一年上岗的新教师,还有几位则是第二年、第三年上岗的,教龄最长的也只有五年。测评时一年级语文老师回避,其他语文老师参与一年级整班朗读测评工作,见证了16个一年级班的整班朗读,大家跟我一样感到惊讶、惊叹,用"惊艳"一词来形容这些娃娃们的表现也丝毫不夸张。

一线语文老师都清楚,读书拖调问题非常普遍。5月份我外出听课,20个班中仅有一两个班能做到读书不拖调。很多一年级老师说,我们一直跟学生强调不要拖调,学生就是改不了。是什么让我们这支年轻的、经验尚浅的一年级语文教师队伍,带出16个朗读如此优秀的班级?管建刚老师在《家常课十讲》的第四讲——习课堂的"读"中写了这样一句话:"朗读这事儿,说破嘴皮子,不如读出个样子。"秘诀全在这句话里了。

日常每一节习课堂上,只要发现学生有拖调现象,便及时制止,及时示范。早读课上,小朋友读得不好的地方,老师马上停下来,一遍两遍三遍地示范,学生一遍两遍三遍地练读,直到读好为止。对于长句子,先示范读词语或短语,比如"雪白雪白的浪花,哗哗地笑着,涌向沙滩,悄悄撒下小小的海螺和贝壳"这个句子,先读好"雪白雪白的浪花""哗哗地笑着""小小的海螺和贝壳",这几个短语读好了,再连起来读句子,或者是先读好前半句,再读好后半句,最后连起来读。

发现朗读问题立马示范、纠正和训练，成为习课堂教师的行为自觉，"听我读、跟我读"成了习课堂上最动听的声音。我们牢记习课堂的示范是最便捷、最有效的"教"。

【管建刚】

示范为什么有效？因为示范的另一个名字叫"身教"。

第九章　学拼音（上）

　　一年级学声调，顺着读没问题，倒着读出问题了。拼读音节，读准声调又成了难点。拼音里有不少双胞胎，有的长得像，有的发音像，如何区分？一年级小朋友喜欢动手，如何在"动手"中学韵母？学了拼音后怎么用拼音呢？有的孩子拼音学得慢，需要在家里多练习，家长又拼读不准，怎么办？本章告诉你。

新生怎么"倒读"四声？

【管建刚】
薛老师，这是你从教 30 年来第一次教一年级？
【薛卉琴】
这是我第一次教一年级，也是我主动申请来的。刚开始教六个单韵母，孩子们学得很轻松。a o e i u ü，老师还没教，学生就会读，顺着读、倒着读、跳着读都没问题。我心里乐着呢。然而——
问题比你想象得多。
学带调单韵母了。
看着书上的小汽车图片读儿歌：一声高又平，二声上山坡，三声上坡又下坡，四声下山坡。我边范读边强调：一声，声音高低没有变化；二声，声音由低到高有变化；三声，声音由高到低再到高；四声，声音由高到低变化大。

儿歌背得滚瓜烂熟，ā á ǎ à，顺着读，没问题。倒着读，不会了。跳着读，更不会！

小汽车上山坡看似直观，学生却无法跟声调联系起来。于是，我用上了自己儿时学的四声儿歌：一声平，二声扬，三声拐弯，四声降。一边读，一边做手势。结果，跳着读四声还是磕磕绊绊。又改用"点头"表声调。几遍后，顺着读，很顺溜；倒着读，跳着读，部分小朋友还是结结巴巴！

习课堂PPT配有相应的语言环境："阿姨，早上好！啊，你说什么？啊，这是怎么回事啊？啊，多么可爱的小鸟！"读句子，体会不同的声调，孩子们似乎明白了。然而回到带调单韵母，指读时部分学生依旧读不准确，头做的动作是四声，口中读的是二声；手比画的是二声，口中读的是一声……

"多听多读"就是宝。

一年级资深老师说：教一年级拼音，没啥巧招。要有耐心，有恒心，急不得。多听，多读，多练。拼音没捷径可走。拼音又是基础，必须夯实。反复听，反复读，反复练，像背乘法口诀一样，张口就来，倒背如流，才算过关。

"多听多读多练"需要时间。

早晨到校，请欣怡当领读员，带大家读学过的拼音。为了确保每个学生都能有效参与，欣怡领读时我巡视。看学生指读是否到位，听学生发音是否准确。我还时不时挑选读得好的同学领读，并奖励他们Q币、奖励贴，给他们满满的成就感。这一来，早餐前的10分钟，所有的孩子都能够全身心参与练读。

中午有40分钟午睡时间。一年级小朋友根本不睡，强迫睡觉，大部分孩子也在那儿装睡。加上天气渐凉，教室里睡觉也容易感冒，我把午睡改成了午读。给孩子们买了《日有所诵》，人手一本，精选的儿歌朗朗上口，有趣又好读，孩子们特别喜欢。学习拼音后，每读会一首儿歌，我就让孩子们圈出学过的拼音，读给同桌听。我规定：每圈出一个会拼的音节，奖励1Q币，同桌互相检查统计。有了奖励，孩子们更感兴趣了。刚开始从已经读会的儿歌中找会拼的音节，后来很多孩子在没读过的儿歌中找会拼的音节，并试着自己读儿歌。学完声母之后，孩子们找到的音节越来越多，大部分孩子能够自己读《日有所诵》中的儿歌了，真是一举两得。

视频是这个时代的"宝"。

孩子的监护人大多是没怎么读过书的爷爷奶奶，爷爷奶奶一教就走样，孩子们更不知道该怎么拼读了。于是我录了音发在家长群，孩子回家后跟着老师的录音读。部分家长反映，跟着录音读，孩子指的跟老师读的不一样，指的这个，读的那个。于是，我改录小视频，老师一个一个指读，孩子跟着指、跟着读。这个方法果然有效。

一次看手机，看到有老师专门录制了跟一年级教材配套的拼音练读视频，发音标准，还配有轻松愉快的音乐，还能单曲循环。于是，每天放学，我都会找当天所学的拼音视频发到家长群，孩子上下学路上都可以听，每天早中晚各读10分钟。家长反馈，这个方法好。

新生怎么区分"双胞胎"?

【管建刚】

不同地区的小朋友学拼音的难点不一样。有的"n""l"不分,有的"z""zh"不分,有的"n""r"不分,有的前后鼻音不分。除了声母,还有两对韵母也容易混淆呢。

【王 琴】

复韵母中有两组双胞胎"ie、ei""ui、iu",一年级小朋友容易混淆。怎么办?

1. 慢读法。

先慢速示范。复韵母 ie 和 iu,最开始的发音是 i,教学时要放慢发音,从 i 慢慢滑到 e(或 u),让小朋友清楚地看到老师的嘴型变化,先从牙齿对齐的 i,再到嘴巴扁扁的 e。学生跟着我一起放慢了读,体会嘴型与读音的变化,再正常速度读。老师正常速度示范读,小朋友正常速度跟读,体会 i 的短暂。

复韵母"ei"和"ui",也是如此,先慢读几次,再正常速度读。

2. 口诀法。

小朋友喜欢朗朗上口的口诀。复韵母的读音编进口诀里,如——

iu 和 ui 长得像,其实它俩不一样。

小 i 在前很优(iu)秀,iu iu iu;

小 u 在前排好队(ui),ui ui ui。

小 i 在前,联想到"优秀"的"优",即 iu 的读音;小 u 在前,想到"排队"的"队",即 ui 的读音。

ie 和 ei 是姐妹,

小 i 在前是姐姐(ie),ie ie ie;

小 e 在前是妹妹(ei),ei ei ei。

"姐姐"关联到 ie 的读音,"妹妹"关联到 ei 的读音。

3. 图片法。

每一课拼音都有一个情境图。如"ui",是一位小姑娘脖子里围着红色的围巾。学习"ui",我出示了小女孩戴着围巾的图片,围巾的形状就像 ui——

学习"ie",出示椰子树的图片,高大的椰子树和茂密的枝叶形似 i,下边掉落的裂开的椰子形似 e,组合在一起就是 ie。

学韵母怎么"手脑并用"？

【管建刚】

一年级小朋友喜欢"动"，吴老师，你是如何把"好动"的力量用在区分 ei 和 ie、ui 和 iu 上？

【吴春红】

ei 和 ie、ui 和 iu，小朋友经常混淆。我琢磨出了两种"摆摆读读"，小朋友很喜欢。

字母拼摆法

购买一套现成拼音卡片，找出单韵母 i、e、u，进行 ei 和 ie、ui 和 iu 拼摆。

也可以自制拼音卡片。选取较厚的包装纸盒（如饼干盒、鞋盒、玩具盒等），白色面裁剪出三个单韵母 i、e、u。如没有厚的包装纸盒，可以用普通白纸裁剪（材料薄，用起来要小心）。

有了工具，可以开始拼摆游戏啦——

1. 听读拼摆。老师说韵母，小朋友拼摆。老师说"ei、ei、ei"，学生在桌子上把 e 摆前面，i 摆在后面组成 ei。拼摆好举手；摆对了，鼓掌表扬自己。课间可以两人一组游戏。

2. 比赛拼摆。两人准备好拼音卡片，老师报韵母，iu、iu、iu，开始。同桌俩拼摆出 i 在前面、u 在后面的韵母 iu。快者胜，获激励奖章。课间可以三人一组游戏。

3. 猜读拼摆。全班同学闭眼，老师和小老师快速拼摆韵母后用手掌遮挡，小朋友睁开眼猜读老师摆好的韵母，猜对的表扬自己。课间可以两人一组游戏。

4. 实物拼摆法。

小朋友回家也可以实物拼摆 ei 和 ie、ui 和 iu。实物可以是文具和玩具，如笔、橡皮、积木等，摆出 ei 和 ie、ui 和 iu 的形状。也可以是生活类物品，在家里找到生活中常用的物品，如豆子、珠子、毛线等，摆出 ei 和 ie、ui 和 iu 的形状。

实物拼摆游戏可以这么做——

（1）拼摆位置读。物品拼摆 ei 和 ie、ui 和 iu 后，右手指读拼摆出来的韵母，用"位置识记法"朗读，具体如下：e 在前面，i 在后，ei、ei、ei；i 在前面，e 在后，ie、ie、ie；u 在前面，i 在后，ui、ui、ui；i 在前面，u 在后，iu、iu、iu。

（2）拼摆组词读。物品拼摆 ei 和 ie、ui 和 iu 后，组词识记读，如：iu、iu、iu，优秀的"优"；ui、ui、ui，威风的"威"。

（3）拼摆随机读。物品拼摆 ei 和 ie、ui 和 iu 后，家长抽读。如家长指着拼摆出来的 ie，孩子拼读：i 在前面，e 在后，ie、ie、ie，椰树的椰。还可以孩子闭眼随机指读，指到哪个韵母就读哪个韵母。

拼读音节怎么读准声调？

【管建刚】

一年级新生拼读音节，声调都不准，怎么办？

【许慧敏】

前面薛老师讲的问题很普遍，单个韵母四声连着读，如"ā á ǎ à"，很标准；拼读第一声，如"pā"也很标准，但直接拼读第二声、第三声、第四声，如"pá""pǎ""pà"，就会读不准。比如读"pǎ"，有学生会拼成"p—á"，再读，又有学生读成"p—à"。

一年级新生怎么拼读准声调呢？可以"三步走"：

第一步：确定韵母声调。先确定是第几声。可以用手比画出声调的数字，如"bǎ"是第三声，手比个3。

第二步：从第一声读到要读的那个声调。如"bǎ"，确定是第三声后，先读"ā á ǎ"，读到第三声调"ǎ"，停下来。单个韵母按照四声的顺序读，学生都会，没问题。

第三步：加上声母拼读。这时，再加上拼读的声母，拼出来即可。如"ǎ，b—ǎ→bǎ"。

这能有效地解决一年级拼读音节时声调不准的问题。

"b d"不分、"p q"不分，这是因为7岁前小朋友大脑里的"识别驱动"还在发育中，有的孩子会出现镜像或旋转方面的问题，到了二年级会自动修复。人类的软件系统天生这个样子，不用太焦虑，关键是焦虑也没有用。

【张萌霞】

管老师，我再补充一个"动作记忆法"。

比如，b—ā→? k—u—ā→?

小朋友会读声母和韵母，两个相拼不会了，怎么办？

一年级小朋友适合动作记忆，可以借助插图、联系生活，用动作记音节和读音，以b—a两拼音节的四声为例——

b—ā→bā，数字 8 的 8，孩子边拼读边做 8 的手势；

b—á→bá，拔萝卜的拔，孩子边拼读边用双手做拔萝卜的动作；

b—ǎ→bǎ，扫把的把，孩子边拼读边做扫地的动作；

b—à→bà，霸王的霸，孩子边拼读边双手叉腰做霸王状。

三遍后，老师做动作、学生拼音节，先按四声顺序读，再打乱顺序读。

有了 ba 两拼音节、四声动作的示范，接下来的音节拼读，可以请孩子来创作。

bō，什么 bō？有的孩子说菠萝的菠，有的说菠菜的菠，有的说波浪的波，有的说听广播的播……老师可以选择"波浪的波"做动作记忆读音。

bí，什么 bí？孩子们说"鼻子的鼻"。大家一边拼读 bí，一边摸摸鼻子。

bù，什么 bù？有的说布娃娃的布，有的说跑步的步，有的说窗帘布的布，有的说不可以的不……孩子们更喜欢做双手摆臂跑步状的动作，于是一起 b—ù→bù，"跑步的步"。

午后我抽读。有些孩子还是会"b—í→？"，读完声母、韵母就停下来，这时我摸摸鼻子提示他，孩子马上反应过来了，让他重复念三遍。有些孩子反应不过来，老师就示范，并要求他边读边做动作三遍。

有了"动作"这根拐杖，小朋友学习音节拼读容易多了。

第十章　学拼音（下）

怎么用好任务单教拼音？

【管建刚】

第一次教一年级，老师们都有过怀疑人生的惨痛经历，习课堂新生常规训练课程、习课堂任务单能够帮助大家。

【许慧敏】

一年级拼音教学的任务单，有不少适合一年级小朋友的学拼音的方法。

1. 听故事。

习课堂拼音教学的第一个环节是"听故事，找字母"，每课都有已经编好的故事，老师读给小朋友听即可。一年级小朋友都喜欢听故事，课后作业也可以布置学生看图自己编故事，讲给同桌或家人听，小朋友的想象力和表达力都得到了锻炼。

2. 读儿歌。

听完故事后看图读儿歌。任务单上已经编好儿歌了，枯燥的拼音字母转化成朗朗上口、通俗易懂、生动活泼的儿歌，一年级小朋友很喜欢。如"爸爸带我爬山坡（p），迎着风（f）儿爬上坡（p），收音机里正广播（b），爱护花草不乱摸（m）"，结合语文书上的插图编成的儿歌，小朋友一边拍手一边说唱，在流动的节奏感中学习拼音，创造了一种充满韵律的课堂氛围，帮助学生认识字母。

3. 念口诀。

念口诀帮助学生记住汉语拼音字母的音和形。如"小熊写字ｚｚｚ""一只刺猬ｃｃｃ"等，是帮助学生记读音的口诀。如"像个２字ｚｚｚ""半个圆圈ｃｃｃ"是帮助学生记形的口诀。口诀使枯燥的字母童趣十足。

4. 动手读。

任务一的最后一个环节是"巩固读"，也是小朋友最喜欢的读法，因为读的时候要用到手。如：小朋友手掌放在嘴巴前，读ｂ和ｐ，体会发ｂ时冲出的气流少，发ｐ时冲出的气流多，小朋友像发现新大陆似的。每次我都会留１分钟同桌交流，小朋友也趁此放松一下。

习课堂教师版任务单里，有听老师读、跟老师读、合作读、打乱顺序点读（老师随机点黑板上的音节，全班读，不是指名读）、拍手读、体验读等，多形式的读对于拼音教学来讲是必须的。

怎么让新生"用"拼音?

【管建刚】

学了拼音怎么"用"起来,不是读课文,不是读课外书,而是读全班同学的名字。

【李　丹】

"李老师,我要认姓名!"

"李老师,我也要认!"

"李老师,我把53个同学的名字都认完了!"

这样的叽叽喳喳、争先恐后是我们班午休前的日常,只因我做了一面神奇的"姓名墙",即把全班同学的姓名做成姓名卡,整齐地贴在教室后面的墙上。每张卡片上有学生的姓名,上面注了拼音,右上角贴着孩子的照片。说"神奇",是因为——

1. "姓名墙"是一面"拼音学习墙"。

"姓名墙"做好后,我请小朋友借助拼音拼出每个同学的名字,小朋友学以致用,特别有兴趣,真正做到了"用拼音、学拼音"。遇上不会拼的,右上角的照片来帮忙。比如"叶舒芯",如果有学生不会拼"xīn",一看照片,知道同学叫"叶舒芯",便可以根据"叶舒芯"的名字来拼读拼音。

2. "姓名墙"成了一面"认字墙"。

全班都会拼读"姓名墙"后,我提升了难度:取下照片,盖住拼音,认出"姓名卡"上的汉字。我提前一周公布要求,学生用一周时间去学习。一周后,65%的孩子能认完53个同学的名字。我聘他们为"小老师",教不会的同学认读。两周后,全班都能认读53个同学的名字了,识字量大大增加。

3. "姓名墙"是一面"激励墙"。

每天"认读"了多少个姓名,我写在黑板上,如:井兴远36个,徐子萱53个,陶佳媛53个……我还有一套诱人的激励机制:第一轮"读拼音"认姓名,每认一个同学的姓名,奖励一个印章;第二轮"读汉字"认姓名,每认一个同学的姓名奖励1Q币，还奖励跟新认识的同学拍合影照。既挣了"钱"，又拍了美照，孩子们的热情空前高涨，每天吃了午饭就进教室在"姓名墙"前排队等候。

4. "拼音墙"成了一道"安全墙"。

学期过半，还有小朋友叫不出同学的名字，只能用"那个穿红衣服的同学"，影响了小朋友间的正常交往。"姓名墙"完美解决这个问题！照片与汉字、拼音一对照，认人的速度大大提升。能把姓名拼完，也就能把全班同学认完了。因为想要得到奖励，孩子们课间和中午都会在"姓名墙"前练习，在教室外面追逐打闹的学生少多了，安全监督岗都闲得无事可做了。

家长怎么帮孩子学拼音？

【管建刚】

学拼音，有的孩子拼读 3 分钟就会了，有的孩子可能要 10 分钟才会。老师可以等 2 分钟，但不可能等 7 分钟。5 分钟的时差怎么办？需要家长帮忙。家长不会辅导怎么办？

【邹思怡】

每次带一年级，我都会教给家长"三步拼读"辅导法。

第一步：读准韵母。

每次拼读前，不直接拼读当天所学的音节，而是回到语文书的第 21 页和 23 页。这两页上是单韵母 a o e i u ü 的四声调，先把韵母的四声调读准，再抽读，即家长随机指，学生能快读出、读准，比如指到 ǒ，立马读出 o 第三声。四声调能快速读出、读准确，再进入第二步。

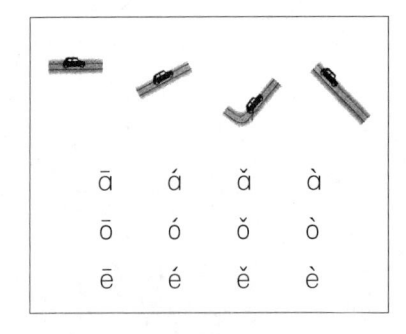

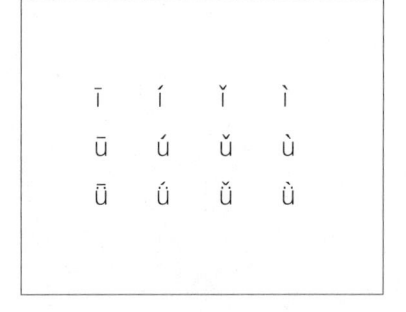

ā	á	ǎ	à
ō	ó	ǒ	ò
ē	é	ě	è

ī	í	ǐ	ì
ū	ú	ǔ	ù
ū	ú	ǔ	ù

第二步：音频跟读。

学得快的孩子课上拼读熟练了，学得慢的孩子回家需要练习。但家长怕自己的拼读不标准，误导孩子。现在有很多拼音小程序，可以让孩子跟着软件读。我向家长推荐"鱼小小拼音"小程序，里面有"课本拼读"和"拼音点读"，跟新教材同步，尤其是"拼音点读"板块，跟书本一模一样，学生哪里不会直接点哪里，点读后跟读。当然，如果语文老师自己录制后发群里，效果会更好，因为自己的老师有亲近感。

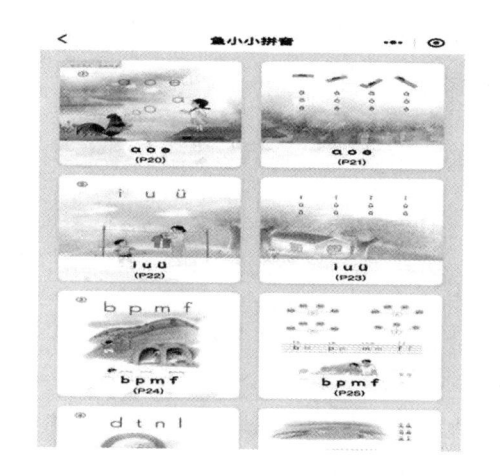

第三步：自己拼读。

孩子自己拼读，一般会遇到以下问题：

1. 拼不出来。拼音拼不出来很常见。可以采用"快速连读法"，比如：bā，先单独读出 b 和 ā 的读音，反复读"b—ā，b—ā，b—ā"，然后稍微加快一些速度"b—ā，b—ā，b—ā"，再加快"bā，bā，bā"，再快一些，随着拼读加快，"bā→八"的音就带出来了。

2. 声调读错。"b—ó→bó"明明是"伯"第二声，孩子读成了"薄荷"的"薄"，这是典型的声调错误，二声"扬"，三声"下坡又上坡"，容易发不准；也会出现二声和四声混淆，导致读错。家长需要再次带着孩子复习单韵母的四声调。拼读要"先定韵母，后拼读"，即先确定韵母读什么，再看声母。比如：bǐ，韵母ǐ是三声，读出"Ｙ"（以）的音，然后再读声母 b（波），最后拼读"b—ǐ→bǐ，铅笔的笔"。

3. 声母分不清。一些长得像的声母，有的小朋友会分不清，比如：b—d，p—q，t—f，n—h，尤其是 b、d、p、q 四个声母。可以借助口诀"左手向上 b b b，右手向上 d d d，左手向下 p p p，右手向下 q q q""弯弯向上 f f f，弯弯向下 t t t，两个弯弯都向右"，配合手势，强化记忆。口诀每天背一背，熟练到一定程度，想读错都不容易。

友情提醒：拼读刚起步，速度都比较慢，家长们要放平心态，不能急躁。

怎么缓解新生家长焦虑?

【管建刚】

家长放平心态的确重要。然而一句"不要急",家长显然不能释怀。如何治一年级家长的焦虑症呢?

【薛卉琴】

一年级之前,家长都觉得自己的娃前途无量。一上小学,一学拼音,马上发现自己的娃这不行、那不行,家长跟我说:"老师,娃娃学不会,我都急死了!""老师,我孙子智力不会有问题吧?他怎么老记不住呢?""老师,我该怎么办呢?一叫她读,她就哭。我都没招了……"

学拼音那会儿,接送孩子的家长满面愁云。朋友的孩子读一年级,教孩子学拼音都快崩溃了,半夜会惊醒。家长的焦虑会传导给孩子,难怪一年级孩子上学不到一个月,就有人嚷嚷着不想读书了。必须尽快疗愈家长的"辅导焦虑症"。

第一招:用儿童的眼光看儿童。

大人习惯用成人视角看孩子,用成人思维评价孩子。比如,在成人眼里,汉语拼音多简单啊,几个字母而已,孩子怎么就学不会呢?我们忽略了一个事实:汉语拼音已经伴我们几十年,就像乘法口诀一样烙在了我们心里。我们早忘了自己当年学习拼音的鸡飞狗跳。在孩子眼里,拼音是完全陌生的东西。不但陌生,而且抽象,这对于形象思维为主的小朋友来说,学习起来确有难度,孩子需要时间反复认读。大人不能操之过急,给孩子过重的心理负担。一旦孩子因此产生厌学情绪,得不偿失。

我告诉家长,每一个孩子都是不一样的个体。尤其是一年级孩子,他们的心理发展水平存在很大的差异。有的孩子心理发展还不够完善,认知能力相对同龄孩子会低一些,接受知识也会慢一些。随着年龄的增长,这种情况会慢慢改善。我们千万不能拿自己的孩子和别的孩子比,徒增焦虑。要面对孩子暂时的迟缓,接纳孩子的不足。慢慢来,走一步,再走一步。要看到孩子每天的改变，赞扬孩子每天的进步。要遵从成长规律，静待花开。切不可着急上火，担心焦虑，拔苗助长，伤害了孩子而不自知。

第二招：在家长面前夸孩子。

每天放学送孩子出校门，我都会当着家长的面表扬孩子在学校里的点滴进步："玥玥今天进步很大，记住了六个单韵母，回家后要读给爷爷奶奶听。""源源今天表现不错，吐字比昨天清楚了许多，能明显区分平舌音 z c s 和翘舌音 zh ch sh 了。""表扬婷婷，默写整体认读音节全对了。""佳琪最近大有长进，今天能准确拼读三拼音节了。""童童今天的字写得漂亮多了，横写直了，撇还能写出尖。""添添真棒，知道下课上厕所了，今天课堂上没有去上厕所。""新新今天的表现非常棒，课堂上能跟着老师读书，写字，不再独自玩小玩具了。"……

这些课上已经表扬过了。孩子再次听到老师给家长反馈自己的表现，小眼睛里依然闪烁着发自内心的自豪和快乐。家长听到老师的肯定和表扬，自然满心喜悦，也少不了夸孩子几句。得到老师和家长的双重表扬，孩子的心里肯定乐不可支，一张张花一样的笑脸就是最好的证明。

第三招：家长应该做这些事。

国家规定小学一、二年级不留书面家庭作业。很多家长担心自己的孩子学不会，跟不上，会额外给孩子布置作业，尤其是抄写作业。初学拼音，有家长告诉我，他每天晚上都让孩子写一页拼音。结果孩子写了半天，却不知道自己写了啥。家长的指导往往不按笔画顺序，老师还得花大量的精力去纠正，效果还很差——在已经涂抹过的纸上画画，很难作出理想的画来。我告诉家长，小学低年级，兴趣和习惯比知识更重要，千万不要磨灭孩子的兴趣、养成不良的习惯。

每天放学，我会告诉家长，今天学了什么，哪些孩子完全掌握了，不需要在家重复巩固。哪些孩子需要巩固哪些知识点、怎么巩固，我会具体指出来。如，学习了复韵母，有几个孩子发音不准，我把录制的视频发给家长，让家长陪孩子跟着视频练习巩固；有几个孩子分不清 ie 和 ei，iu 和 ui，我制作了相应的复习卡，卡上有区分 ie 和 ei、iu 和 ui 的儿歌，有对应的复韵母和图片连线题，请家长陪孩子一起读儿歌，连线。鼓励家长和孩子一起口头编故事，给孩子创设有趣的学习情境。

我告诉家长，辅导孩子学习是一门艺术，关键是要有足够的耐心。和颜悦色能给孩子安全感，肯定和激励能增加孩子的成就感，定时定量可以树立孩子的目标意识，不超负荷会减轻孩子的畏惧心理。要把更多的注意力聚焦在孩子的习惯培养上。聚焦在握笔、写字、读书的规范动作、正确姿势；聚焦在读书时是否字正腔圆、不拖调走调，写字时是否按笔画顺序，是否规范运笔；聚焦在孩子是否能整理自己的书桌、书包、作业……良好的习惯是一切学习的基础。习惯不好，今后的学习不会理想！

第四招：请家长走进课堂。

"刚需作业不出教室"是习课堂的朴素追求，一年级学生不留书面家庭作业，家长了解不到孩子的真实学习。孩子在家读不对某个拼音、写不好某个生字，家长会急躁、焦虑，这种情绪传染给孩子，孩子会畏惧，会痛苦，会失去自信。所以，我定期举行"家长开放日"，请家长进课堂，让家长翻阅近段时间孩子在校的作业，看看教室墙壁上孩子的奖励贴，和孩子一起上课，一起游戏，全面了解孩子的学习情况。

第一次家长开放日，家长看到孩子的任务单，都不敢相信这是自己孩子写的。当他们和孩子一起上课，亲眼看到孩子在课堂上的表现，一个个激动不已——

"真没想到，我家娃儿写的拼音这么好！"

"我孙子不笨啊，这下我放心了！"

"老师，您真有办法！谢谢您，让您费心了！"

听着家长发自肺腑的话，看到家长不再为孩子焦虑，我很开心。

【管建刚】

亲爱的老师，带一年级我们也不要焦虑，要放平心态。心态好，一切才会好起来。

第十一章 学效率(上)

课堂效率的提高需要师生双向的共同奔赴。如何提高一年级小朋友的读书速度？如何提高一年级小朋友的背书速度？如何提升一年级小朋友的专注力？一年级如何做到没有小朋友开小差？一年级如何在 40 分钟完成四个学习任务？怎么用好新生训练课程助力课堂效率？本章告诉你。

一年级如何克服齐读不齐？

【管建刚】

一年级小朋友齐读不齐，怎么办？

【武家欣】

要求一年级小朋友齐读，小朋友往往只听到"读"，而没听到"齐"。齐读需要默契。默契不是相处久了就有的，而要刻意训练。

1. 训练统一的姿势。

"左手压书，右手指字"，一声令下，孩子们齐声朗读，果真如此吗？现实是，不到一分钟，小 A 的左手已经抠起了橡皮擦，小 B 的下巴已经抵在书桌上，小 C 嘴巴里读着书，眼神已经飘向窗外……

读书时，身体坐直，与写字姿势一样，眼一尺，胸一拳。书本平铺在桌面正中央，中缝线正对胸口，从而保证学生视线的有效幅度最大。趴着、歪着、杵着头读的孩子往往跟不上别人的朗读，因为他视线内所见的跟别人不同。

齐读PPT，身体要坐直。左手从小臂到指尖贴着桌面，指尖对着右手手肘；右手手肘稳稳落在桌面上，小臂对着屏幕伸直用食指指字。只要朗读没停，左手指尖和右手手肘的位置不能乱动，避免了左手太闲玩东西，右手晃来晃去。

老师要经常表扬"手、眼、口"始终一致的小朋友。

2. 训练统一的音量。

一年级学生齐读，老师尽量不要表扬"声音洪亮"，小朋友理解的"声音洪亮"等于"最大音量"。不少孩子"吼"着读书就是这个原因。部分同学朗读音量过大，导致气息收不回来，造成拖调。音量统一，朗读的起止时间便能趋于一致。

刘丹梅老师分享过她的读书音量等级训练——

音量等级	音量特点	适用场景
0级音量	安静无声	适用于独立做事、专注倾听、就餐就寝或公共场所不影响他人
1级音量	轻柔低语	适用于两人之间的交流
2级音量	彼此听见	适用于小组内讨论
3级音量	平常声音	适用于一个人当众发言或者课间休息
4级音量	舞台声音	适用于舞台表演
5级音量	室外音量	适用于户外运动比赛

以前带高年级用很有效。一年级不理解"彼此听见""轻柔低语"，怎么办？我在网上找到了一个宝贝工具——音量分贝球。

这是一个网站，打开即用。背景是纯黑色，屏幕底部有一个个小球，检测到声音时，小球跳动，音量过大屏幕会出现文字提示，还会发出"嘘"的声音。晨读时间，打开网站就可以训练，多彩的画面和可爱的声音提示，孩子们非常喜欢，每天都早早来参加这个有趣的挑战。一段时间后，孩子们自然找到了合适的音量。

（音量分贝球网站链接：https：//bouncyballs.org/）

3. **训练统一的节奏**。

小朋友们在幼儿园读的大多是字少、句子短、节奏快的儿歌。一年级的课文，句子有长有短，停顿不一，朗读就不整齐。

一年级齐读不齐，多出现在成分比较多的句子，老师示范读的停顿，一年级小朋友不容易察觉到。怎么办？可以用音乐节拍来突破。一年级的音乐课，节拍打对了，唱歌就不怎么跑调。这一点跟朗读相通。"打节拍"音乐老师已经教过了，语文课上拿来用就有效。如下面句子的节奏划分——

我是/中国人

我们都是/中国人

我爱/我们的/祖国

跟着停顿符号，学生知道哪里该停顿了，但对于停顿多长没有明确的认知。可以用音乐的节拍来表示——

× ×　　× × ×
我 是　　中 国 人

× × × ×　　× × ×
我们都是　　中 国 人

× ×　　× × ×　　× ×
我 爱　　我们的　　祖 国

老师带领学生先拍手打节奏，熟悉停顿和快慢的节奏；拍手整齐了，再加入朗读，"断句"这个模糊的概念一下子清晰了。拍手的动作去掉后，小朋友仍然按照刚才的节奏去读，他们便会明白，读课文跟唱歌一样有快有慢，有急有缓才和谐动听。

指读也会影响到朗读。有的孩子一个字一个字指，朗读一字一顿，有的孩子一次指一行，读过的字也不认识。张怡老师说过了，读词语可以指字，读句子要指词语，读课文的指字要滑动，手指配合读书声，而不是读书声配合手指。我按照这个规则自己录制一个指读小视频发在班级群，让孩子们看看老师是怎么指读的，学生发送的朗读小视频也要跟老师指的节奏一个样。

一年级老师经常在"齐读不齐"上浪费时间。现在节奏统一了，齐读和谐了，效率自然上去了。

一年级如何提高背书速度?

【管建刚】

习课堂要求做到"读书八不",背书也要努力做到"八不"。"读书八不""背书八不"是语文学习的根基。

【张小玲】

是的,管老师。

一年级尤其要抓好"读书八不""背书八不"。如何做到"背书八不"?

第一招:读熟。

以课文《两件宝》为例,任务一读课文。

师:听老师读课文——

生:就听老师读课文。

师读,生指字。要做到老师范读,学生指字。

师:跟老师读课文——

生:就跟老师读课文。

师领读,生跟读。要做到读哪一句、指哪一句。听的时候,可以跟着老师的语速指字,或手指停在上一句结束的位置,眼睛跟着老师的读书内容走。

师:2分钟自由读——

生:加油!

生自由读,师巡视,盖章。

自由读时要做到边读边用右手食指指在字的下面,不压字,不远离。

师:男生读——

生:女生指。

男生读书,女生指字。

师:交换——

女生读书,男生指字。

一年级要重视指读,重视朗读,课堂上要有充分的读为背诵打基础。男生读书，女生也不闲着，跟着男生的读书做到不出声指读，避免开小差。反之亦然。

第二招：点赞。

以《语文园地七》俗语为例。

师：男生背——

生：女生听。

男：背。（双手蒙眼）

女：听。（快速移动到男生旁边，侧耳倾听）

男生背诵，女生认真倾听，老师巡视随机倾听。

背诵完毕。

师：正——

生边坐正边回：正。

师随机点一名女生，为同桌的背诵点赞。

小萱：小元背书声音大，正确、流利、不拖调，点赞——

全班：棒——耶！

此时小元心里美滋滋的，其他同学也期待得到同桌的表扬，得到全班的点赞，从而更加努力了。交换背诵，点赞继续。

老师一般无法了解到每一个孩子的背诵情况。有了同桌帮忙，学生的背诵不会偷懒，为在同桌心里留下好印象，也为能够得到同桌的点赞，全力以赴。

第三招：倒计时。

以《语文园地七》俗语为例。男女生交替背诵结束后，计时，全班同学在规定的时间内挑战背诵。

师：15秒背诵，挑战——

生：加油！（双手蒙眼）

生背诵，师巡视，随机倾听。如铃声响，学生没有背完。老师双手胸前交叉，遗憾宣布挑战失败。

师：再次挑战——15秒——开始——

生背诵，师巡视倾听。生背完，铃声还没有响起。

师：放烟花——

生：啪啪，砰！

挑战成功的孩子脸上流露出喜悦的笑容，背书积极性自然高了。

读熟、点赞、计时，一年级背书的有效方法。

一年级如何提升专注力？

【管建刚】

一年级要在 40 分钟内完成四个任务，一年级的读书速度、背书速度，都跟小朋友的专注力有关。一年级怎么训练专注力？

【张　怡】

我讲一个自己都觉得神奇的故事。

周三早晨，小余同学去看牙齿，所以来得比较晚。他来到教室时，我已经在给学生读任务四的第三题——判断题。一看到小余从后门走进来，我心里咯噔一下，完了，小余是一个一点小事就喜欢大声报告老师的人。现在中途来，肯定问题一大堆；他一问，其他同学肯定趁机"骚动"。我是不是该提醒小余安静、快速地放好书包，不要影响周围同学呢？万一我走过去他就跟我"聊"起来，怎么办？

我正忐忑，神奇的一幕出现了。

小余站在自己的课桌前，安安静静地从书包里拿出书本，没有发出任何声音，只是朝我望了望，也没有一个人朝他那里看，连他的同桌——离他最近的一个人，也没有转头看他。做好第一题后，他提着笔看向我，准备听我读第二题。此时的小余如同一个透明人，一个人在那儿整理书包。就这样，我照常读题，其他同学照常做题，其间没有发生任何的小插曲，一切如常。

做完第三大题做第四大题"读一读，记一记"，学生跟我读成语，我读一个、学生读一个。学生读的时候，我边走边倾听，走到小余那边，小余已经整理好书包，身板挺直，跟我们一起读成语，读到哪手指指到哪，仿佛他不是刚来，而是一直在教室里。

下课时，我问全班知不知道小余什么时候来的。他们都摇头，一脸懵。我立刻给全班竖起了两个大拇指，为他们的专注点赞，同时也请大家为小余的安静、迅速点赞。

管老师，如果不是自己的班，真的无法相信入学三个月的一年级孩子，竟然能做到如此专注。这样的"专注"怎么来的？我有三点经验。

第一，课堂激励——告诉学生什么叫专注。

开学初，上课出现各种情况：自由读，同桌俩你看我、我看你；做任务单，不会做的看同桌，做完后对答案……一年级孩子不知道读该怎么读，做题时该怎么做，他们觉得同桌遇到不会做的就应该去帮助。于是我告诉学生，课上同学遇到不会读的、不会做的，你不告诉他才是帮助，这样他才会认真地去听老师读，张老师讲评任务单他才会认真地听。

课上，我一直寻找"专注"的行为，告诉学生什么叫专注，哪些行为叫专注。比如，我看到周逸昊、黄藜筱做完任务二，没有你看我、我看你，而是手指着题目在检查，检查后开始读背奖励题。我告诉学生，做题时只关注自己做的，只看自己的任务单，这就叫专注。蒋艺昕做任务四时，同桌凑过去想跟她讲话，她头都不抬一下，没有看同桌一眼。我告诉学生，遇到干扰时你能专心做自己的事情，不被打扰，这就是专注。自由读课文，张升宇的尺子掉了，他头都没抬一下，因为他根本没发现尺子掉了。我告诉学生，当你专心做一件事情时，是听不到其他声音的。通过这样一系列的表扬，学生知道什么叫专注了，也知道自己要怎样去"专注"了。

第二，口令变化喊——训练学生的倾听力。

家常课公众号上有顾孙煜老师的《口令的十五种喊法》，一条口令可以轻声喊，也可以大声喊，可以在这里停顿一下，也可以在那里停顿一下，还可以重复其中的几个字。这样的喊法不仅有趣，还可以训练学生的倾听能力。

比如"小身板，挺起来"这条口令——

我喊"小身板，小身板"，学生就要喊"挺起来，挺起来"；

我喊"小小身板"，学生就要喊"挺挺起来"；

我喊"小身板，身板"，学生就要喊"挺起来，起来"；

——以上是"加字法"。

比如"小小脚，放放平"这个口令——

我喊"小脚"，学生喊"放平"；

我喊"小脚小脚"，学生喊"放平放平"。

——以上是"减字法"。

口令经常"不一样"地喊,一开始学生的对答不是很整齐,说明有学生不够专注,没有认真听。一节课一节课地用,学生渐渐能对答如流了,说明他们越来越专注了,他们学会了听老师怎么喊,自己就怎么喊;读课文时,我喊"听老师读",他们也就明白了,老师怎么读我就怎么读,学生的拖调得到了很大的改善。

第三,课中游戏——玩得轻松、玩得专心。

一年级学生持续注意力在 20 分钟左右,半节课后学生会"躁动",开小差的人变多,这时需要玩一些"小游戏",缓解学习的疲劳。习课堂考虑到了,任务二的后面安排"课中小游戏"。至于玩什么游戏,由老师和学生共同商定——游戏必须是学生喜欢的,只有喜欢才能达到放松的效果。

我们班学生要玩"一二三木头人"的游戏。当时我愣了一下,这有什么好玩的?但是,每次看到他们玩游戏时的灿烂笑容,我就知道他们是真喜欢。因为他们在这个游戏中可以做各种各样的动作,有的张开双臂,单脚起飞,有的和同学来个拥抱,有的甚至大步向前,离开了座位……"一二三木头人"的游戏中,学生是自由的,不被约束。我还发现,一年级孩子不用经常换游戏,他们喜欢重复地玩同一个游戏。一个游戏可以玩上一个学期!

玩游戏时,我也有意训练学生的倾听能力。有时候直接喊"一二三",有时候喊"一二、一二三"或者"一一、一二、一二三",只有当我喊到"三",学生才能边说"木头人",边摆姿势,如果提前动则表示失败,没法继续玩游戏了。如此,学生玩起来也专心,也起劲。课上,留出 2 分钟玩个小游戏,带来事半功倍的效果。

一年级如何完成四个任务?（1）

【管建刚】

一年级新生的第一场硬仗是"拼音教学"。拼音教学怎样能在 40 分钟里完成四个任务？

【许慧敏】

一年级第一单元的识字，每一课我都能在 40～45 分钟完成四个任务。到了第二单元的汉语拼音教学，《ａｏｅ》一课，40 分钟只完成了两个任务。时间都去哪儿了？怎么才完成两个任务？

第二节课上任务三和任务四，我打开了手机录音功能。下课铃声响起，刚好完成了任务三和任务四。一下课，我迫不及待地打开手机录音进行复盘，想知道我的时间到底去哪儿了。

任务三建议时间 8 分钟，而我花了 22 分钟，和很多教一年级老师一样，我一直在纠正他们的发音，主要纠正第二、第三声调的发音。任务四没超时，建议 12 分钟，刚好 12 分钟读完奖励题下课。我明白了，我的时间管理都在任务一和任务三的"读"上出了问题。

找到了原因，我及时调整了教学。早读课先带学生预习读课文，这样一来，任务一的"读"不超时了，40 分钟能完成三个任务了。我再次看了录音，发现超时依然在任务三的"读"，时间依然在纠正 10% 左右的学生的读音上。连续几天都是如此。后来想想，为了那几个一时读不标准的学生，一直在课堂上纠正发音很不明智，坏了自己的情绪，也浪费了 80%～90% 的会读学生的时间，也给读不好的学生造成很大的压力。

从《ｄｔｎｌ》开始，我不再一直盯那几个读不标准的，80%～90% 的学生读正确就行。还是用早读课带着学生预习读当天要上的课文，我读 1 遍，学生指着书读 2 遍，不熟或不顺的地方停下来反复读 3 遍，最后齐读 1 遍。上课时，本着"80～90% 学生读正确就行"的原则，终于可以在 43～45 分钟内完成四个任务了。读不标准的学生，课后找几个发音标准的孩子，"一对一"

辅导。教会后小老师和徒弟都奖励Q币。

　　此后，拼音课我再也没着急上火了，后来的拼音教学也基本上能在40～45分钟内完成。

第十二章　学效率（下）

一年级如何完成四个任务？（2）

【管建刚】

一年级要在40分钟完成四个任务，一要做好新生入学课堂常规训练，二要老师"管住嘴"，三呢？

【朱　红】

一年级上学期，当我第一次提前5分钟完成一节课的四个任务，有点怀疑，是不是哪个步骤没落实？回看自己用手机录的视频，没发现遗漏，心想可能是这节课的任务比较简单吧。第二次提前完成四个任务的课很快出现了，奖励题读得滚瓜烂熟了，下课铃还未响起，查看手机录的视频，的确不到40分钟。后面的习课堂几乎都在40分钟内完成了，连之前要用1.5节课才勉强完成的《语文园地》，也在一节课里完成了。

我很感谢张小玲老师，她让我坚持每一节课用手机给自己录视频课，回看自己的视频课。在这个过程中，我发现了一年级上学期也能完成四个任务的三个原因：

1. 学生读书不拖调。

课件上规定的25秒、15秒内齐读完毕的课文，我们都能顺利完成，有时还会提前好几秒，最快的一次，《小书包》规定25秒，同学们竟然提前了8秒读完，大家看着还在走动的倒计时都很开心，有一种挑战成功的自豪感。

我大手一挥，豪气宣布："挑战成功，每个同学奖励2个印章！"同学们一看到倒计时读课文都格外兴奋，格外认真，连平时爱走神的孩子也打起了十二分的精神。

怎么才能让孩子读书不拖调呢？

（1）读好字词。有的班级读词语已经拖调了，读长句子和课文更是。我教学生读词语，要求做到干净利落、节奏明快，读准字音的基础上加快速度。

（2）读好词组。如"弯弯的月儿""闪闪的星星""开出了红的花""长出了绿的草"，尤其要读好轻声的"的""了"字，就像一个附点节奏，一带而过。每次学生读得缓慢拖调时，我就示范，一次次不厌其烦地示范，一句句地教孩子们读书不拖调。只要有孩子跟上了节奏，我就夸。

（3）读好句末字。一年级孩子容易把句末的字尾音拖得很长，尤其收尾字是第三声的，学生总习惯性地拐上来，比如"人有两件宝，双手和大脑"。"宝"和"脑"都是三声，如果把三声完整地拐上来，读书必然拖沓，节奏便乱了。我借鉴章秋兰老师的"抓尾巴"游戏，告诉孩子们"宝"和"脑"只要读一半的音，不用把三声的另一半拐出来，尾音快出来时就伸出左手轻轻抓，像抓尾巴一样。孩子们很喜欢这个游戏，一边读一边抓，尾音消失得干干净净，读课文就顺畅了。

（4）长句子要划分节奏。比如"只看见/闪闪的星星/蓝蓝的天""乌鸦把小石子/一颗一颗地/放进瓶子里"，只要读好了句中的三个词组，再连起来，这个句子就容易读好了。

2. 课堂表扬具体，不是走过场。

有的孩子注意力集中，随时关注老师的指令，比如屏幕上出现了词语，赵希妍1秒伸出手指，眼睛一眨不眨地盯着屏幕，做好了读书的准备，那样子真叫全神贯注。胡与之第一时间开始朗读，他知道屏幕上出现的词语、句子、课文都要认真读，读得熟练才能掌握知识。田漪雯观看写字视频时，同桌用手拉她的手肘，想跟她说点悄悄话，她理也不理，专心致志地跟着视频里的老师书空生字。自由读课文1分钟时，刘珉依眼睛一直盯着书本，右手食指指着书上的文字，大声朗读，不管时间跑到哪里，她绝不抬头看一眼，每一秒都用到了朗读上。张依星每次隔空指字，右手的手指伸得直直的，很有力地指向大屏幕，眼随手动，左手则伸直手指，指向右手手肘，不摸笔不摸尺子，不搞小动作，全身心地投入到读书中去。很多同学大声朗读奖励题时，宋和宽还没有做完自己的题目，但他丝毫不受影响，不看旁人，只按照自己的节奏，专心致志地写自己的作业，终于在规定时间内做完了题目……

以上都是我在课堂上的表扬。习课堂说了，老师表扬的方向就是学生努力的方向。更多孩子看到榜样也跟着学习，于是越来越多的孩子做到了我要求的样子。课课如此、天天如此，不愁孩子养不成好习惯。课堂习惯好了，当老师不但不用愁，还很轻松、很开心——看到那么有秩序、有好习惯的课堂，能不开心吗？

之前我只瞅着做得不好的孩子，严厉地指出问题，虽然课堂也有规矩，但"铁手套"太冰冷。现在换一种眼光，发现孩子的闪光点，觉得孩子们也是那样可爱，老师面色温和，"铁手套里的手"变得温暖起来，课堂氛围越发温馨，嗓子也好了起来。

3. 学生自己会读题了。

到了11月份，学生拼音熟练起来了，识字量也多起来了，对题型熟悉起来了，我不再每道题都读题，而是鼓励小朋友自己读题，自己独立完成，任务二、任务四不再读一题做一题，而是像高年级那样给出一整块时间，"8分钟完成任务二，开始""10分钟完成任务四，开始"。读题的时间还给学生答题，时间多出来了。

只有任务单上出现新题型，我才会读题。比如《乌鸦喝水》第一课时中有一道阅读题：乌鸦是怎么喝到水的？请用"___"画出相关的语句来。虽然做对的同学不多，但让我看到了孩子们的真实水平，不也很好吗？没关系的，我只要做好讲评和订正的"最后一公里"的活儿：集中读题、讲评，限时订正，收起任务单二次批改，再错就单独辅导。如此，在老师眼皮子底下订正，花的时间少，订正效果好，学习能力弱的孩子的问题也都看到了，老师可以进一步辅导。有了"最后一公里"的讲评和订正做保障，我不再纠结于当堂作业时学生的答题正确率，不会为了一时的正确率而忽略学生的独立思考。孩子自己思考后的答案，哪怕是错的也有价值。

最后我要说，每节课我都会用上5~8次计时器，读书、背书、作业，在看得见的时间的督促下，我和孩子们都不敢懈怠，我控制了讲的欲望，孩子们打败了拖拉。一年级上学期，我们实现一节课完成四个任务的目标了，想想一年级下学期、二年级上学期，越想越开心！

一年级如何完成四个任务?（3）

【管建刚】

张小玲老师带一年级，一个月便实现了40分钟完成四个任务。张老师，你的法宝是什么？

【张小玲】

管老师，我的法宝就是您经常讲的，用手机录制视频课。

1. 录视频课看见自己上课。

开学第一天起，我便用手机给自己录课。我告诉孩子们："老师有两双眼睛，一双随时走动，随时关注你们的学习状态。还有一双固定在前面帮老师看着你们，课后它会告诉我所有的情况！"

自媒体时代，学生见惯了手机拍照、拍视频，并不当回事。

第一天早上口令训练常规课后，我截取了一段小视频发到家长群，配文："上学第一天的孩子们表现棒棒哒！"同时也将课堂精彩瞬间打印后，布置在中队栏。

下午我摆放手机支架，孩子们下意识地挺直了腰板，乱转乱说的也停了，眼睛齐刷刷地看着我的操作。我心中暗喜，看来，中午回家吃饭时家长给他们看视频了。

第一周的常规训练课程，我每天截取孩子们认真学习的小视频发到家长群，配文鼓励。一周后，孩子们的变化很大，80％的学生坐姿端正，倾听认真，偶尔玩耍，提醒即可。不再无视纪律，你拍我、我戳你，也不再大声喧哗，跑位串道，或者自娱自乐，摆弄衣服。

第二周学习新课，一节课只能完成两个任务。回看视频，发现时间浪费在组织和管理上。我们班49人，任务的转换、书本的转换都要老师反复喊口令才行。任务二和任务四总有学生趁机说话、捣乱、转尺子、戳橡皮、看别人的任务单……无孔不入啊。

怎么办？

2. 给学生看视频课。

9月20日下午，秋季球类运动会结束后，我组织学生看我们的视频课。

"哈哈哈，你看小杰，他在低头找什么？"小雪指着屏幕喊道。全班转头看小杰，被同桌指出不足的小杰赶紧坐直身子，认真盯着屏幕，寻找自己。"小琪也在玩呢，看他手里拿的什么？"小杰找到了前桌开小差的证据。"小叻也在翻桌兜啊！"全班同学手指指向屏幕，大声喊道。被点名的主人公顿感尴尬，立马坐正，一副改过自新的样子。

我给出要求："课上不能翻桌兜，东西课前一定要准备到位！"

所有人立马端坐，视频继续。

"小汐又转过去看后桌的任务单了。"小汐面露尴尬，坐直身子看自己在屏幕中的动作，同时也找同桌的不足，终于逮到机会了："看，小霖在玩尺子。"

"哈哈哈，被逮到了吧！看你以后还敢在课堂上玩不。"我幸灾乐祸地看着小霖，小霖也不好意思地低下了头。

教室里互相拆台，不管是不是同桌，看到别人的不足，立马指出来。这就是孩子们。老师的反复提醒，不如同伴对视频中的一次指证。

"你看小鑫，又将腿搭在桌子上了。"被小汐指出问题的小霖将炮火转向了单桌坐的小鑫。小鑫迅速将脚放平，转向小霖，一脸懵：天哪，躺着也会中枪，可不敢忽视了！"你看小轩、小浩也这样的！"不服气的小鑫马上将矛头转向隔壁兄弟。被点名的兄弟们立马坐正，不敢松懈。

我停止播放，趁机强调坐姿。"头正、肩平、背直、臂开、足安，只有端正的坐姿，才能写出端正的汉字，就像小辰。看她的坐姿端端正正，怪不得字写得那么好看。"小辰背挺得更直了，其他学生也调整坐姿。

看视频课的目的不是找碴儿，而是让大家知道自己接下来该怎么做。所以，老师的表扬非常重要：

"看，小杰的听课状态越来越好了，已经能坚持半节课了。"

"小元的腿不再抖了。学会控制自己的不良习惯了，真佩服你！"

"小轩也跟上大家的步伐，开始书空了。加油哦！"

"小叩的手有着落了，左手在下，右手在上，规规矩矩地放在桌子上了。了不起！"

"小浩的眼睛聚焦在屏幕上了。为你点赞！"

"小鑫也能跟上老师的手势了。加油！"

"小辰的眼睛会发光，那是对知识的渴望。瞧！她盯着屏幕，做到了手眼口一致。真棒！"

"小瑞真的会学习，完成任务后马上读记。这就是真学习！也真的将老师的话记到了心里。点赞！"

"小晨真是一位高贵的公主，瞧，她端正的坐姿一直保持到了课堂结束。小公主就应该这样端庄秀丽！真好！"

"小萱读书时，吐字清晰，坐姿端正，给人一种大家闺秀的感觉。继续保持！"

……

需要孩子们注意的地方，马上刻意表扬。习课堂强调表扬要具体到具体的人的具体行为，真的很不错！

现在，我基本上一周给学生看一次视频课，可以是雨天的大课间、课外活动、体育课，也可以是班队会后、课后延时服务，有时间看完整的一节课，没时间看10分钟、5分钟都行。孩子们也习惯了，一周看不见自己的上课视频，还会问我什么时候看。

看见自己才能认识自己。还别说，坐姿端正了，口令响亮了，听课认真了，纪律好了，最重要的是：一个月后，我们班就当堂能完成四个任务了！

一年级做好哪些提升效率？

【管建刚】

坚持用手机给自己拍视频课，了不起。习课堂新生常规训练课程对当堂完成四个任务有哪些帮助？

【张小玲】

管老师，今年我换了新学校。一个月后校长、年级主任，还有同年级语文老师来听课。我没有一丝紧张，因为我相信习课堂，相信孩子们。孩子们熟知流程，师生配合默契，课堂管理到位，课堂工具有效，学生每一分钟都有事可做，一节课没有一分钟是浪费的。孩子们的表现惊艳了听课老师，办公室老师都说：“我认为自己班的课堂常规已经很好了，看了张老师班的，找到了差距！”

一年级学生如此井然有序，是因为开学初有一周的习课堂新生常规训练课程——

第一，做好了课前准备的训练。

夹书签口令：书签书签——夹好了，夹好了。要求：统一用书签夹，夹在右下角。语文书和任务单上到哪一页，书签夹夹在哪里，既方便翻书，又防止书卷角。

翻书口令：翻书——1秒。要求：说"1"，左手放在书签上；说"秒"，翻开书后左臂下，右臂上，坐端正。

放书本口令：书本书本——左上角左上角。要求：语文书在上，任务单在下，放课桌左上角。看似简单的动作，刚开始的一个月里学生不是忘了书签就是忘了换书。需要老师和组长地毯式排查、提醒，才能确保万无一失。

铅笔摆放口令：铅笔铅笔——笔尖朝右，放笔槽。要求：每天带削好的六支洞洞铅笔，不带转笔刀。课桌上需要一支铅笔，笔尖朝右放笔槽，且距笔尖两寸左右的位置搭在笔槽右沿，方便快速拿笔。铅笔只削一头，不能削两头。每节课后换一支铅笔。

直尺摆放口令：直尺——直尺在上，右上角右上角。要求：需 15 厘米左右的透明尺，且有由小到大的圆组成的尺。透明尺可以看清楚尺下的内容，连线准确。大小不等的圆可以用来圈画关键词，还可以画序号题的圆圈。15 厘米不长不短，方便拿取和连线。

橡皮摆放口令：橡皮——橡皮在下，右上角右上角。要求：易擦干净，且简单好用的橡皮，不要花里胡哨的玩具橡皮。

以上不是讲一讲，而要反复训练——

1. 示范。老师做镜面示范。在讲台上摆一张桌子，文具摆放与学生一致。老师边喊口令边慢动作演示何时拍手、何时伸手触及所说的物品。

2. 练习。先分步慢动作练习，发现做得好的表扬。一年级孩子们好动，只有让口、手、脚都动起来，才能防止他们空喊口号。每天练习时都要提醒，不能拖调。口耳目手足配合到位。

3. 强化。想要口令和动作整齐划一，需要天天练、课课练。口令到位后，口令员可根据学习情况提背儿歌或拼音表及规则。

第二，做好了习课堂的课中管理。

1. 口令管理。

主要是万能口令，如"说坐正——就坐正""说看屏幕——就看屏幕"，口令到，动作也要到。孩子们边喊口令边做，快速集中注意力。

还有班本化口令，如：指读 PPT "隔空——指字"；提醒坐姿 "顶天——立地"；提醒握笔 "握笔——找窝窝"；表扬送花 "谢谢你——送你一朵花"；任务二、任务四表扬写字好的同学，学生右手拿笔，左手竖起大拇指 "棒——耶！"

2. 手势管理。

读书遍数可用伸出的手指代替说话。

学生大声读书时手可做喇叭状放置在耳朵旁。

消灭拖调，可将手微微张开，读到句末的字时快速握拳。

要求学生改变不良坐姿，可用手掌指向某同学的脚或手臂。

3. 眼神管理。

学生读书或做任务单时，老师快速巡视全班，发现有开小差的学生及时眼神示意。对于对手势和眼神"免疫"的小朋友，老师马上走过去提醒。实在不听话的课后教育，不能占用宝贵的课堂时间。

4. 读的规矩。

指读时，左手放平压在书的最下面，右手用食指指在字的下面，做到：读到哪里，指到哪里，眼睛看到哪里。读 PPT 时，孩子们盯不住 PPT 上的字，怎么办？隔空指字。左手平放于桌面，右臂垂直于桌面，右手食指隔空指字，指到哪里，看到哪里，读到哪里，不落下一个字，还防止开小差。

5. 习的规矩。

开学一个月做任务单时读题三遍。第一遍，看着 PPT 老师领读，第二、第三遍看着任务单，自己用铅笔指读。第二个月，看着任务单，小老师领读一遍，学生跟读三遍。第三个月，看着任务单齐读题目三遍后开始答题。第四个月，拼音学完之后，学生开始自己拼读题目，自己答题，不再统一读题了。新出现的题目老师可适当解释说明。

第三，用好了习课堂的课堂激励。

1. 赞章。

给书写整齐美观的学生盖章，给读书用心的学生盖章。规则是每个章可兑换 1Q 币。

2. 表扬。

"小辰完成任务后，赶紧读背""小桐完成任务后开始用直尺检查，将写得不好看的字擦掉重新写""小甯完成任务后将题目中做的标记擦干净了""小鑫完成任务后将文具归位了"……老师的眼睛主要是用来发现小朋友的优点的。老师表扬的方向就是学生努力的方向。

第四，做好了习课堂的课后整理。

口令：一换、二擦、三捡、四对、五出。具体操作如下：

一换。换书本，换铅笔。好多孩子总是第一时间跑出教室上厕所，因为厕所较远，还因为贪玩，上课铃声响了，才急急忙忙跑回来，喘着粗气，着急忙慌找书本，稍有不慎，桌箱里的东西掉地上。提前换好书本、学具，课堂有秩序，学生不慌乱。

二擦。擦桌子，擦小手。一节课结束，桌子上总有黑乎乎的铅笔屑，手上也脏兮兮的。每人准备手掌那么大的小毛巾，每节课后擦一擦，干净整洁。

三捡。捡垃圾，捡文具。桌面清理后，顺势蹲下捡桌子周围的垃圾和掉地的文具。

四对。对桌子，推凳子。完成前三步后起身推凳子，对齐桌子，确保前后左右对齐。怎么对齐，各组都有规定的参照物，可以几秒到位。

五出。出教室，先上厕所再喝水。前几排的学生从前门进出，后几排的学生从后门进出。

磨刀不误砍柴工。我用习课堂新生训练课程做好了课堂规矩，于是有了校长的夸赞："一年级的孩子，课上竟然没有一个不听课的！""课堂很紧凑，孩子们的听说读写都到位了。口令也用得很好。你这样教，我就放心了！"

一年级如何做到没人开小差?

【管建刚】

网友看了张小玲老师的《校长说:一年级的娃,课上没有一个不听课的》,觉得不可能,才开学两个月啊。

【邹思怡】

管老师,我专门去看张小玲老师的线上视频课《雪地里的小画家》,一年级小朋友真的没一个开小差的,太震撼了。我还回看了视频课,找到了学生不开小差的秘密:每一个小朋友的"手"都忙起来了!

1. "手"忙着做课前准备。

课前预备铃声响,小老师迅速跑到教室前面,用口令组织大家检查自己的书本文具,所有同学动作整齐、精神气十足。

2. "手"忙着做朗读的"魔法棒"。

任务一和任务三的"读",张老师用小朋友的"手"充当朗读的"魔法棒",为学生的朗读助力。

读词语,小朋友个个把手指伸出来,指着屏幕上的词语,读到哪一个词语,小朋友的手指就指到哪里,统一的方向可以清楚地感受到每一个小朋友都在认真读。除了指读,小朋友们还做到了点读,读出了节奏感,手指在空中的点读频率时快时慢,读词语也是时快时慢,小手指真像魔法棒,不仅提高了学生的专注度,还将节奏感具象化。

自由读课文前,张老师喊口令"挑战——加油",学生一边喊口令一边左手握拳举起,做好加油动作,右手则伸出手指,做好指读准备——举起的左手是用来表示朗读遍数的,右手则要承担"指字"的重任。左右手都有活干,学生怎么会开小差呢?

挑战朗读不拖调,小朋友的手更忙碌了。张老师和小朋友们玩起了"抓尾巴"的游戏,读到每段的最后一个字,小朋友握拳一抓,把拖拉的尾音抓掉。男生指读课文,女生则看向男生,握拳帮男生抓掉尾音,男生朗读完全不拖调了，20秒内完成了课文的朗读，反之，女生读男生抓尾巴，简直太不可思议了！

3. "手"忙着做书写的"小拐杖"。

生字教学，张老师先出示写字教学的视频，学生并没有只坐着，而是做好"提笔准备"的姿势。视频中，张老师一边讲解字的关键笔画，学生一边手握铅笔，跟着视频里的老师进行书写，比端端正正地坐着看效果好太多！

看完生字的教学视频进行书空练习，"竖折，顿竖顿折"，同学们一边跟着张老师说出书写要点，一边书空笔画，还有几个厉害的女生，能看出"顿竖"真的有顿笔的手势，比她们平时写在纸上的"成品"字更清晰，书写过程更灵动。

完成练习后，张老师有一个明确要求："做好后，就做提笔准备的姿势。"一则对于哪些小朋友已经完成作业，老师能一目了然，学生也能清晰地感知自己的做题速度；二则学生举起右手，左手压住书，他们没有空余的手去玩橡皮、尺子，开小差的情况大大减少了。

学生的手还忙着做课中小游戏。

课堂过半，张老师结合《雪地里的小画家》课文内容，带领学生做关于这篇课文的手势操，课堂氛围立马活跃起来，也能帮助学生调整状态，以更好的状态进入后半节课。

【管建刚】

小朋友的手都派上了学习的用场，这是一年级小朋友上课不开小差的秘诀，也是张老师一个月能完成四个任务的秘密。

第十三章　学积极（上）

如何让一年级学生上课积极、学习积极？表扬和激励。怎么表扬一年级学生才会积极？怎么激励一年级学生才会积极？物质奖励和精神奖励两者如何平衡才会有更好的教育价值？一年级小朋友喜欢玩游戏，如何让课中小游戏赋能儿童的课堂积极性呢？本章告诉你。

如何让一年级小朋友积极起来？

【管建刚】

"上课要积极""学习要积极"，"积极"不是天生的。一年级孩子的"积极"来自哪里？老师的表扬。

【胡　虹】

第一次接手一年级，走进教室，孩子们大呼小叫的、追逐打闹的、东张西望的……我扯着嗓子大喊"安静"，他们依旧我行我素，似乎我才是那个表演的小丑。

我说"一二三"，孩子们说"坐坐好"；我说"小眼睛"，孩子们说"看黑板"；我说"语文书"，孩子们说"快打开"……9月的下午，天气炎热，第一节语文课孩子们昏昏欲睡，我硬着头皮喊道"上课"，小朋友有气无力地站起来问好。我说"语文书"，学生无精打采地接"快打开"。只有蒋睿泽精力充沛，第一个把语文书翻开到指定的地方。我随口夸了句："表扬蒋睿泽，第一个翻开语文书!"并奖励他一张贴纸。接着齐读课文,我惊奇地发现孩子们都精神焕发,一改刚才的萎靡。于是一有机会,我便大力表扬能跟上口令、配上动作的同学。这节课上得出奇顺利,效率也很高,我第一次一节课完成了四个任务。

  自从发现了"课堂表扬"这个"秘密武器",每次课上我都不遗余力地用。课堂口令配上课堂表扬,效果真的很神奇,一个月后,连动作慢的邱杰也紧紧跟上了。口令一出,孩子们像整装待发的小战士,时刻等待着将军发号施令,四个任务轻而易举地被"小战士"拿下了。默写环节,口令一出,孩子们聚精会神地默写,没有交头接耳,只有铅笔唰唰的写字声。"收本子"的口令一出,孩子们立即停笔,组长从后往前收齐本子,最快的一次只用了14秒。我把这个方法运用到了出操整队上,30秒钟,孩子们便走出教室排好队。

  人最本质的需求是被肯定,正确又充分的夸赞能使人的潜力发挥到90%以上。原来让小朋友积极起来并不难,只要老师看见学生的好,不吝啬自己的夸赞。

怎么表扬一年级小朋友更积极?（1）

【管建刚】

也有老师说,我夸了一段时间,一点效果也没有。周老师,你怎么看?

【周静】

不是夸了就有效的,而是要有效地夸,夸到学生心坎上。"你读得真好""你坐得真端正""你的字真好看",这样的"万能表扬"当然没什么效的。表扬是一门学问。

我们班的小硕,爸爸每天都要在校门口哄他,每天给他买一点东西,他才肯进校门。老师让他介绍自己,他突然狂躁起来,脸涨得通红,用手抓自己的脸。上课蹲在地上找铅笔芯,一根一根找,不只在自己桌子底下找,还去前后左右同学的脚边找。班主任说,小硕随时像一个定时炸弹。

习课堂上,他的坐姿不忍直视,软绵绵的,要么驼着背、弯着腰,要么几乎趴在桌上朗读或是写任务单。一次上课,我看到小硕揉了揉眼睛,我以为他把心思放在揉眼睛上,等眼睛舒服了再读,或者借揉眼睛的理由,趴下休息不读了。可他没有,他右手揉了下右眼,左手仍然稳稳地拿着语文书,揉的过程中嘴巴还在动,左眼还盯着语文书。我不禁对他另眼相看。倒计时响,我走到小硕的身边说:"我想表扬一位同学,他在读书的时候,眼睛不舒服,用手揉了一下右眼,下一秒马上拿起语文书继续读。读的时候,他的眼睛其实还不怎么舒服,一直在眨,但他都忍住不去揉眼睛,坚持读。"

当我陈述我所看到的画面时,班级里安静得似乎都能听到阳光洒满窗台的声音。学生炙热的眼神告诉我,他们都在期待我说出这位同学的名字。我大声说:"这位同学就是——小硕。"大家都十分惊讶,随即用掌声表达了对小硕同学的肯定。鼓掌的声音是开学以来最大的,坐后面的郭梓行、李潇乐,以及素来爱向老师打小硕小报告的陈柏涵都探出半个身子给他鼓掌。

小硕白皙的脸庞透着微微的红,他不好意思地笑了,原来小硕也会笑,此刻他眼睛焕发着光彩,整个人神采奕奕。我真诚的表扬换来了全班真挚的掌声。这次的表扬留在了小硕的心里。你看，做任务单时，他快速打开，并做好了拿笔的姿势，原来以前的他不是不会，是不乐意。做任务单他不再东张西望，等题目做完，他和屈子莫那几个大嗓门一样，背奖励题。到了任务三自由读课文时，我提醒学生"小身板——挺起来"，当大家都微微挺起背时，小硕也主动挺直了，他的双眼很有神地望着我。"开始"，我一声令下，小硕和大家一起进入了朗读时间。以前我要凑近了才能听到小硕是否在读。这次我从他那一侧的走廊走过，便听到了他的读书声，他的脸又红了，这次不是因为害羞而发红，而是因为用力读书。一下课，他主动把任务单交给了组长。

大课间，学生排队下楼去操场。小硕因为经常不守纪律，排队被安排在了最后一个。今天他没有跟队伍中的任何一个男生讲话，走路的时候手臂也甩起来了，双脚也变得有力，不再踢踏踢踏的。班主任王老师说："今天小硕有进步，走路有精气神。"第二节课，我批改了任务单，小硕全对且字迹清楚。第二天、第三天，连着一周，小硕课上无论是读书还是做题都很积极。他的转变还产生了蝴蝶效应，之前跟他课上常常眉来眼去的力浩哲也专心了，坐在他后面的史书豪、张子烨朗读声一个比一个大，我也已经连续一周没有火气了，班主任也悄悄跟我说："怎么感觉小硕换了个人似的，他不捣乱，整个班都乖了许多。"

为什么这次表扬后小硕的变化这么大？为什么以前的表扬没有产生效果？主要是源于"真诚"二字。

管老师，您常跟我们说表扬要真诚，表扬后进生更要注意"真诚"。我以前对"真诚"的理解就是不虚假，即把我所看到的好的一面陈述出来。问题是，表扬的往往是那些优秀学生。行为习惯和学习成绩差的学生总得不到表扬。小硕坐姿坐不好，我表扬周围坐姿好的学生，有时看到他有一点进步也表扬，一两次还好，说多了，不光是学生，连我自己都觉得兴味索然。这次小硕跟他往日的表现形成鲜明的反差，那一刻我发自内心的受打动。我的陈述也有了变化，我不直接说"表扬小硕"，而是"表扬一位同学，他……"设置了悬念，等我描述完，才缓缓道出"他就是——小硕"，卖了关子，吸引了全班学生的注意力。每个人都惊讶不已，包括小硕自己，他也没想到一个小小的动作，老师竟然都看到了。同学们的鼓掌声、同学们的眼神都是真诚的、佩服的。

怎么表扬一年级小朋友更积极？（2）

【管建刚】

没有真诚的表扬是虚假的，而孩子是最敏感的，他们马上就能感觉到。

【钱海燕】

老师应该怎样去表扬呢？

第一，语言表达到位。

看到学生的字很漂亮，老师的表扬不能只是说"你写的字真好看"，而是要具体指出"小明写字有力，特别是这个捺脚，写得很舒展，真是漂亮"；听到一个学生读书投入、流利，老师的表扬不能只是说"你读得真好"，而是要具体指出"小明朗读课文注意了停连，很有节奏感，特别是'明朗'这个词时，就好像看到了这样的天气"。

看见学生的细节并描述出来，这样的表扬能让学生清楚地知道自己哪里做得好，也会让学生感受到老师是真的看到了自己的行为和努力，从而受到鼓舞。

第二，语气语调到位。

对比以下三句话：

"小明写字有力，捺脚写得很舒展，很漂亮。"

"小明写字有力，特别是这个捺脚，写得很舒展，真是漂亮！"

"哇，小明的字真有力！特别是这个捺脚好舒展，真是漂亮！"

相比第一句，第二句话用上了感叹的语气，第三句还用上了语气词"哇"，老师用上扬的语调、热情洋溢的声音表扬学生，更具冲击力。

相同的内容，你用平淡无奇的语调还是用激动的、感叹的语调说，带给学生的感受完全不同。激情饱满的语气语调能让被表扬的学生感受到独属于他的高光时刻，也让其他学生受到感染。

第三，体态眼神到位。

老师的表情和眼神是表扬时的灵魂所在。老师走到学生身边，举起右臂，在"说看小明,就看小明"的口令声中,大家的目光聚焦到"小明"身上。此刻,老师的脸朝向小明,专注地看着小明,眼睛里闪烁着欣慰的、赞许的光芒,嘴角上扬,表扬道:"小明读书很投入,老师看到他额头都冒汗了,也顾不上擦。半节课过去了,他整个人一直保持笔挺的身姿,真是一个自律的孩子!"

表扬完,老师轻拍小明的肩膀,而后弯腰半蹲,目光与小明齐平,双手竖起大拇指,真诚为他点赞。老师积极的体态、眼神,传递出认可和鼓励,瞬间给学生注入一股温暖和动力。

【管建刚】

钱老师的三个"到位"概括得很"到位"。田老师经历了"表扬无效"到"表扬无敌"的过程——

【田曼尼】

以前表扬学生我常用"万能表扬语",为表扬而表扬,忽视了表扬的目的和意义。习课堂的表扬,要求"具体的人+具体行为+具体结论",要夸到孩子们的心坎上。

1. 表扬要量身定做。

每天上午温暖的阳光都会如约照进我们明亮的教室,调皮的孩子总嫌弃阳光的刺眼,无情地拉上窗帘。一天,阳光又照进了教室,靠窗的孩子不知为什么忘记拉上窗帘了,阳光照在他们的脸上,有些孩子开始用手或书本遮挡眼睛,不停地看向窗户,学习的心思都被拉走了。我想走过去批评他们。可在我扭头的不经意间,发现了一个同样在阳光下,却表现与众不同的孩子,她笔直地在那里,眼睛盯着课本,专注地读着书中的文字。我抓住时机,走到她的身边,开始了量身定做的表扬:"太阳光照射在瑶瑶的脸上,也许会有些微微的刺眼,但她不为所动,眼睛没有离开过书本,十分专注,连阳光都为她停下,这就是我们学习的榜样。"话音刚落,她在阳光下坐得更笔直了,更加专注了,微笑也更美了。这时,同样被阳光照射的那几位孩子也纷纷向自己的榜样学习,放下遮挡物,大方地迎接阳光的沐浴,坐上专注上课的"列车",就这样,一节课轻松愉快地结束了。

课堂表扬需要这样的量身定制才能让孩子有专属感，成为课堂上的"VIP"。例如"××同学写任务单时笔没水了，他没停下来修笔，而是拿起铅笔直接写了起来，不肯浪费时间的习惯，太让人敬佩了。""我很喜欢××同学今天读书的声音，感觉他今天好像戴了小喇叭一样，吸引着我来到他的身边。"……孩子也在一声声表扬中，散发着自己的光芒。

2. 表扬要有仪式感。

生活中的仪式感给人们带来了幸福感。课堂上的仪式感让学生们倍感骄傲。以前，坐在后门角落里的柏葳，听课总掉队，量身定做的表扬对于调皮蛋只能起到一时的作用。但是送上仪式感就不一样了。

一次自由读，我发现他又在"挂机"，快速走过去站他身边，他不好意思地笑了笑，开始大声朗读。我在他身边又听了一会儿，发现他的声音非常洪亮，于是喊："说看小葳——""就看小葳。"大家目光全部投向小葳后，我弯下腰看着他的眼睛，真诚地表扬道："小葳的读书声像个小喇叭似的，穿透了整个教室，大家为你点赞。"一阵带有节奏感的掌声响了起来，大家的大拇指带着响亮的"棒"字送给他，小葳的骄傲感油然而生，接下来的课堂表现堪称"学习小标兵"。

下午小葳站在讲台上给大家讲故事，讲到着急时，微微皱眉，好像自己也很着急，于是我又给他来了一波仪式感满满的表扬。看着他乐开花的小脸，我知道：这个星期都不用再为他操心了，因为他的身上有属于他自己独特的光。

3. 表扬要无底线。

这样的"VIP"表扬专为后进生准备。星锐不读、不写、不听课，我不批评，而是无底线地表扬：当他桌上摆出语文书和任务单时，表扬；当他跟着口令拿起课本时，表扬；当他偶尔抬起头看黑板时，表扬；一个笔画写得漂亮了时，表扬；跟老师对口令时，表扬……时间长了，一切都在朝好的方面发展。

那天计时自由读，星锐竟然第一个投入朗读状态，声音异常洪亮，同桌惊讶地看了他几秒钟才投入朗读，1分钟过去了，他仍跟大家一样目光紧盯课本，认真地朗读，我弯下腰倾听了，虽然磕磕巴巴，但他坚持读准每一个字。我抓住机会毫不吝啬地表扬了他刚才的表现，伴随口令的运用，表扬的仪式感拉满，此时的他坐得笔直，笑容挂满脸庞。课堂进入尾声时，大家完成任务四后读背奖励题。我发现星锐还没有写完，但是字迹比以前工整了许多，每一个字虽然都蜷缩在一起，但字体大小一致，努力做到每个字都压着横线。我在他耳边悄悄表扬："在其他同学的洪亮的读书声中，你仍能坚持认真地写自己的题目，还能把字体写得大小一致，尽量做到字体都压在线上，看上去很整齐，为你点赞。"

在一声声的表扬中，星锐知道自己在进步，知道老师在关注自己。也许我无法让他变得优秀，但可以让他进步，发出属于自己的光。

怎样盖章一年级小朋友更积极？

【管建刚】

习课堂如何让孩子积极？习课堂表扬；习课堂激励印章；习课堂 Q 币。习课堂印章是习课堂激励的重要组成部分。一年级怎么用激励印章？

【张小玲】

管老师，习课堂配套有激励印章，我又开发了"已背"章"优"章"书写漂亮"章等，用在不同的时段。

1. 早读盖"已背"章。

要保证每天的 10 分钟早读，激励措施须跟上。提前到校的同学，入座后举左手示意背诵课文，老师听背，流利者可得"已背"章，自习时间结束后可兑换 5Q 币。

2. 领读盖"优"章。

学生全部到齐后，随机指名领读生字、拼读、组词、生字书空。正确流利不拖调者，可获得"优"章，课后兑换 5Q 币。早上学生到校时间不一，激励印章能轻松解决早到学生的管理问题，帮孩子养成"入室即静，入座即学"的习惯。

3. 午习盖"书写漂亮"章。

我们学生都回家吃午饭。中午我提前到校，组织早到的学生练写笔画、生字。给书写规范的学生盖"书写漂亮"章，每个章课后可兑换 5Q 币。

4. 课中盖"你真棒"章。

习课堂的任务一和任务三是"读"，我给读书专注、声音洪亮的学生盖章，给反复拼读的同学盖章，给遇到不认识的字主动问老师的同学盖章，给读课文遇到圈画的生字拼读三遍后再完整读句子的同学盖章，给读完一遍后伸出一根手指又快速从头开始读的同学盖章，给专心读书到铃声响起才停止读书的同学盖章，给读书时声音小经老师鼓励后声音大的同学盖章……

习课堂的任务二和任务四是"习"，我给抄写生字时主动读出笔画名称的同学盖章，给抄写生字做到一遍抄、二遍默的同学盖章，给抄写词语时先读记、再用橡皮压住词语默写的同学盖章，给书写整齐美观的学生盖章，给书写进步的同学盖章，给单个字的笔画书写规范的同学盖章，给读题勾画关键词的同学盖章，给读题时遇到不认识的字问老师的同学盖章，给完成任务后主动勾画正确答案的同学盖章，给完成任务后主动拼读奖励题的同学盖章，给完成任务后读记答案后再读背奖励题的同学盖章……

课上盖的"你真棒"章，一周兑换 Q 币。

【管建刚】

张老师的激励章成了学习过程中的加油站，24 小时营业的加油站！

第十四章　学积极（下）

如何兑换 Q 币孩子更积极？

【管建刚】

习课堂激励系统＝习课堂激励印章＋习课堂 Q 币。一年级激励系统怎么做呢？

【张萌霞】

管老师，我们班是这样做的——

Q 币获取：（1）课上积极读书，奖励 1Q 币；（2）课上认真答题，奖励 1Q 币；（3）生字抄写优秀或进步，奖励 1Q 币；（4）任务单完成优秀或有进步，奖励 1Q 币；（5）单元测试 98 分以上，奖励 10Q 币；（6）单元测试有进步的，奖励 10Q 币。

印章兑换 Q 币、消费 Q 币跟高年级的不一样，一年级的原则是四个字：马上消费。

兑换时间：单元测试后的讲评课上。

兑换步骤：

第 1 步：发测试奖励 Q 币；

第 2 步：数印章，换 Q 币。

学生准备好语文书、任务单、抄写本，数本单元获得的印章，如测试完第六单元，就数第六单元课文、任务单、抄写本上的印章。学生从第六单元

第一篇课文的第 1 个印章数起，怎么数呢？在印章上按顺序标数字。1~5 个印章得 5Q 币，6~10 个印章得 10Q 币，11~15 个印章得 15Q 币，16~20 个印章得 20Q 币……我采用"模糊计算"，可以降低小朋友的"内卷"。

第 3 步：马上 Q 币抽奖。

一年级小朋友往往不能保存好 Q 币，会出现各种麻烦。所以兑换好 Q 币后，马上用电脑转盘抽奖，设一、二、三、四等奖和安慰奖，20Q 币抽一次。

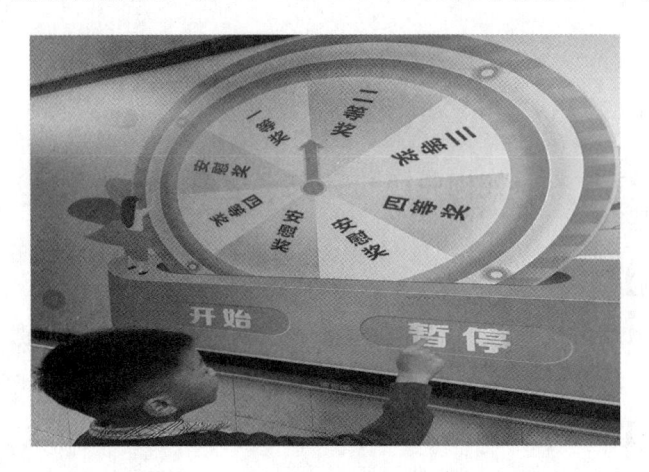

奖品设置：

一、二、三、四等奖的奖品是网上买的小玩意儿，如捏捏、蜘蛛人、小迷宫、钥匙扣、不倒翁等，六七块钱能买 20 多个，孩子们也喜欢玩。安慰奖是小糖果。

每次抽奖两轮，第一轮人人抽；第二轮抽奖，一半孩子能抽。一单元购买小奖品的费用在 15 元左右，我能承受。参加第一轮或第二轮抽奖后个别孩子手里还剩 5Q 币、10Q 币的，老师做好登记，回收 Q 币，待到下一次单元抽奖再返回，以免发生丢失 Q 币的烦心事。

兑换活动结束的第二天，学习新的单元，大家从零开始攒印章，学习劲头足，因为小朋友知道，学完一个单元又可以兑 Q 币、抽奖，有奔头。

【张小玲】

管老师，我们班的 Q 币兑换分"物质兑换"和"精神兑换"两种。

物质兑换：

文具类：铅笔 100Q 币、橡皮 50Q 币、尺子 100Q 币、书签夹 100Q 币、书法小本子 100Q 币。

零食类：糖果 50Q 币、水果 50Q 币、面包 50Q 币。

精神兑换：

1. 颁发奖励牌。我们有小组长、小助理、领读小老师、学习模范、学习之星、好孩子等奖牌，半个月颁发一次。孩子们摸着胸前的小牌，那种自信和满足的神情溢于言表。没有得到奖励牌的学生不由得暗暗较劲，争取得到奖励。

2. 抽奖。网上买来刮刮乐，制作抽奖券，50Q 币抽奖一次。奖项有任选奖品一份，扮鬼脸一次，和好朋友拍照一次，当小助理一天，当小老师一天，自带零食一天，换同桌一次，跟老师玩游戏一次，满足一个小愿望，还有 1~100 不等 Q 币奖励。我发现，孩子们热衷于未知事件，都喜欢把 Q 币留下来抽奖。

3. 迷你小奖状。单元复习任务单全对或错 3 道题以内的同学将可得到一张迷你小奖状，同时可得到与分数相当的 Q 币，如全对者得 100Q 币，错一道题扣 1Q 币则得 99Q 币。以此类推。小朋友得到迷你小奖状比得到实物奖励更激动。

老师要随时了解学生的喜好，随时调整激励策略，帮助学生在学习中保持新鲜感和积极性。

什么奖品可以燃爆一年级?

【管建刚】

2025年《哪吒2》风靡全球,张小玲老师开发了哪吒系列奖品,小朋友们欲罢不能。

【张小玲】

《哪吒2》风靡全国。春季开学,我抓住学生的"追星"心理,购买了哪吒头像赞章和小挂件,开展我的习课堂激励系统。

小轩上学期总迟到,到校后也无精打采。自从有了哪吒小挂件,他的表现发生了翻天覆地的变化。一天中午,小轩气喘吁吁地跑进教室。我问:"今天怎么这么早?"他不好意思地回答:"中午定了闹钟,以后再也不迟到了!"说完,他主动开始拖地。全班到齐后,我当众表扬小轩:"小轩不仅改掉了迟到的坏习惯,还主动为班级打扫卫生,点赞!"在全班同学的掌声中,小轩的脸上绽放出自信的笑容。

为了激励学生认真学习和细心答题,我制定了奖励规则:任务单连续全对10次即可获得一个哪吒小挂件。小轩对此充满期待。每天都认真完成作业。就在他即将达成目标时,却因为粗心错了一个字音,导致任务单未能全对。那天课间活动,全班同学都下楼玩耍,只有小轩趴在桌子上默默流泪。活动结束后,他红着眼眶走出教室,袖口一片湿漉漉的痕迹。放学后,我悄悄联系了他妈妈,告知小轩伤心的原因。下午放学护送学生途中,小轩妈妈告诉我:"孩子说以后一定要更加细心,不然就挣不到哪吒挂件了。"小轩的进步我倍感欣慰,小轩的眼泪也让我反思:奖励要求是否过高?学生是否感到压力过大?

我将任务单连续全对的次数从10次降低到5次。这一下同学们又燃起了希望。然而,上周五的统计结果显示:只有3位同学成功获得了小挂件。奖励条件的设置没有贴近学生的实际能力。我再次调整:完成任务单累计5次即可获得一个小挂件,连续一周任务单全对也可获得。

小萱摇晃着已经得到的哪吒小挂件信誓旦旦地说:"我要努力争取,把所有不同款式的挂件都收集齐!"小轩说:"我以后要更加细心,争取获得更多哪吒小挂件!"

哪吒挂件不只是一个学生心仪的奖品,还是一个精神的象征,正如哪吒精神所传递的那样:只有勇敢面对挑战,才能收获属于自己的光芒!

精神与物质如何有效平衡？

【管建刚】

Q币可以兑换物质奖品，也可以兑换精神奖品，精神奖品的力量重要，物质奖品也不容忽视，两者如何有效平衡？

【张　怡】

一年级上学期我采用物质奖励，价格定得高，学生不舍得花Q币买；价格定得低，老师要买很多的奖品，很烧脑。管老师，您说要多开发精神类奖品。一年级下学期我作了调整，老师那里以精神奖励为主，物质奖励则发动家长，家长融入到我们的Q币活动中来。

第一步：老师帮你实现愿望。

晨会课上，我问学生愿不愿意找爸爸妈妈兑换肯德基券、玩具券等，学生们都表示愿意。我又问学生，想向爸爸妈妈兑换什么？一开始，小朋友不知道说什么。我问他们，你有什么要求平时提出来爸爸妈妈总不答应的，现在可以说出来，张老师帮你来实现。这下，学生的话匣子打开了。

有的说想让爸爸妈妈周末带他出去玩，有的说想要买一个玩具，有的说想要买一个自己喜欢的文具（有的孩子喜欢买花里胡哨的文具，家长不答应），有的说想让爸爸妈妈少布置点家庭作业，还有的说想让爸爸妈妈不要打骂……有个男孩说爸爸妈妈一有空就拿着手机玩，想让爸爸妈妈放下手机陪自己玩会儿。他一说完，很多孩子都附和"我爸爸妈妈也是"。

第二步：征询家委意见。

我把学生的想法告诉了家委，请家委征询家长们的意见。晚上家委反馈我两条意见：兑换是不是太麻烦了？兑换次数多了是否失去新鲜感？

于是，我进行了完善。

1. 兑换次数：一月一次。

2. 兑换方法：学生到老师那里，用Q币兑换相应的兑换卡，拿着兑换卡到家长那里兑换"心愿"。

3. 兑换价目表。

我的心愿	价格
游玩卡（苏州市内挑选一个地方玩）	80Q币
免惩罚卡（爸爸妈妈不能打骂孩子）	50Q币
礼品兑换卡（可以选一个自己喜欢的玩具，玩具价格范围由家长和孩子商量）	50Q币
文具兑换卡（可以买一个自己喜欢的文具用品）	10Q币
免作业卡（可以免掉一份爸爸妈妈布置的家庭试卷）	50Q币
陪伴卡（家长陪孩子30分钟）	10Q币
肯德基卡（家长请吃一顿肯德基）	30Q币

晚上家委回复我，家长们没有异议，都支持。

第三步：开发精神奖品。

家长那边的物质类奖品搞定了，老师这边的"精神类奖品"怎么办？

上学期学生争当"领读员"，每个人都花15Q币兑换了一张"心愿存折"，由管理员负责给早读认真的同学敲章，谁先集满24个章，可以当一次领读员。原本乱哄哄的早读，用了这一招，一个个都卖力地读。一年级小朋友都很期待佩戴"领读员"标牌，走上讲台的那份自豪与光荣。我的第一个精神产品诞生了：出售"领读员"。20Q币当两天"领读员"，大家纷纷表示赞同。

有同学提出想兑换当"管理员"，负责给其他同学敲章。于是第二个产品有了：出售"管理员"，20Q币当一周"管理员"。

第三个产品：换座位卡、免值日卡上学期兑换过，效果不错，继续使用。

我在网上购买了"心愿兑换卡""免惩罚卡"，无意间发现了"我想夸夸你"卡，老师可以在上面写上夸奖的话。对于平时没能及时得到老师表扬、又渴望得到老师表扬的孩子，可以用这个弥补。

周五"Q币兑换"，我不再像以前那样大包小包走进教室，而是拿着各种各样的卡。以前兑换奖品，光整理奖品都费时不少，真是费时又费钱。现在，只要把各种卡按类摆好。学生热情高涨，尤其是对找家长兑换的各类"心愿卡""免惩罚卡""陪伴卡""文具卡"，10多位同学兑换了"领读员"和"管理员",10多位同学兑换了"我想夸夸你"。

  家长那里的"兑换卡",要求学生兑换后把卡还我,可以循环使用。

  周一,很多学生来还"兑换卡",开心地跟我说周末爸爸妈妈带着去哪里了,买了什么玩具,看得出他们非常开心。

Q币如何助力好习惯培养?

【管建刚】

Q币不仅能激发学生的学习动力，武家欣老师还用它有计划地培养学生的学习习惯。

【武家欣】

我的一年级Q币激励系统是在樊小园老师的"高年级Q币激励系统"的基础上调整而来的。

第一，Q币结算周期。

习课堂常规训练课程，小朋友们每天都有新规矩要学，如何激发孩子保持学习的热情？发"奖金"。

每天上完课，学生数一数当天任务单上有几个激励印章，有3~5个的发放5Q币，6个以上的发10Q币，模糊统计的好处是调控"贫富差距"。开学第一周，每天的Q币一定要在放学前发，学生把Q币捏在手里，排队走到校门口，迫不及待去跟家长分享，兴高采烈的眼神里尽是对第二天的期待。

第二周开始，Q币一周结算一次。周五发放，周一兑换。除了老师随机发放的"Q币"，其余奖励均用激励印章来计。一周结束，语文书和任务单上有多少激励印章就发放多少Q币。周五发Q币，学生通过Q币数能了解自己本周的学习情况，老师在群里发本周的Q币平均值，家长也能了解孩子在班上的基本情况。兑换奖品放在周一，能让孩子期待周一的到来，孩子也会在新一周的第一天里加油。

比起"一张试卷定终身"的评价，Q币统计表更能帮助老师、学生和家长看到学习过程的表现。

第二，Q币兑换从物质到精神。

第一次得到Q币，小朋友一定会问Q币有什么用。第一次兑换会，一定要隆重而盛大。兑换会上，我找来时下最流行的小盲盒、最酷炫的可擦笔、最精美的笔记本……让手握Q币的小孩们满载而归。

物质奖励终不长久,激发学生内驱力的精神奖励要逐渐占据主导。我们班里最畅销的兑换项目是"课文领读员""课后小老师""课中游戏组织者"等课堂角色体验卡。学期过半,曾用于奖励的作业本、可擦笔、铅笔橡皮等,变成了"租用品",忘带文具的小马虎可以用Q币去租借使用。

第三, Q币与学习习惯培养。

一年级最重要的是习惯养成。从坐姿到握笔,从课前准备到课后整理,每一个环节都是"学习习惯"庞大系统中的一环。把"良好的学习习惯"切分为一个个明确的学习行为,列入Q币统计表,有计划、分步骤,才能变成学生的自觉行为,即习惯。

如,开学第一个月,要培养学生课前准备的习惯,我把"铃声响,进课堂""口令说到做到""书签准确夹好"作为9月份的考察项目,列入Q币统计表。每周除了统计语文书、任务单上的大拇指印章外,学生还可以通过当周的习惯养成项目来获得Q币。一个月后,"课前准备"已基本形成肌肉记忆,于是换一个习惯培养项目。一周又一周,一月又一月,一年又一年,如此一个一个往下做,何愁学习习惯不好?

一年级课堂小游戏怎么玩？

【管建刚】

习课堂上时间紧凑，安排课中小游戏不更紧张了吗？一年级孩子天生好动，课上做游戏不会添乱吗？

【张怡】

一年级小朋友的有意注意时间约 20 分钟。习课堂上完成任务一、任务二一般 20 分钟左右，这时做一个小游戏，不仅可以缓解学习疲劳，还有助于后 20 分钟的学习。

那做些什么游戏？怎么做游戏呢？

游戏 1："一二三，木头人"。

一年级上学期，我问学生喜欢玩什么游戏，很多学生说喜欢"一二三，木头人"。游戏玩法很简单：一个人站在前面、背对大家，大家和这个人保持一定的距离，当这个人喊"一二三"，大家要以最快的速度朝前面的人跑去，当这个人喊到"三"，他的头会迅速转向后方，看看有没有谁在动，谁动谁就输了。

张怡："一二三，木头人"小游戏视频

教室里不适合学生跑动，怎么办？

我变了一下：老师喊"一二三"，学生边喊"木头人"，边快速做出自己喜欢的动作（不跑动）并保持不动。老师也快速移动到学生身边，学生不能动，老师也不能动，谁动谁就输了，就得坐下去。当老师再次喊"一二三"时才可以更换动作。

为了增强游戏的趣味性，我还会变着花样喊，有时候会连着喊"一二三、一二三"，有时候故意放慢速度喊"一、二、三"，有时候还会"一二、一二、一二三"，每次喊法都不一样，学生才听得认真、玩得投入。停住的瞬间，什么动作都有：有的张开双臂，单脚起飞；有的和同学来个大大的拥抱；有的大步向前，离开了自己的座位；有的半蹲着，做出一些高难度动作，没坚持住，输了也很开心。

  课堂小游戏的主要目的是让学生放松、开心，调节一下身心。一年级上学期的课中小游戏不用更换，因为学生喜欢玩自己会玩的游戏。只有当学生玩自己会玩的游戏的时候，他们才是放松的、轻松的、开心的。

  游戏2：''切土豆''。

  一年级下学期，我在小红书上看到了"切土豆"的游戏。晨会课给大家看游戏小视频，大家边看边忍不住做了起来。

张怡："切土豆"小游戏视频

  游戏是这样的：

  第一句"土豆，土豆，土豆，块"。喊"土豆"的时候，两手握拳左右相碰，喊到"块"要两手迅速转换方向，从左右相碰变成手心相碰。

  第二句"土豆，土豆，土豆，片"，喊"土豆"的时候，两手握拳左右相碰，喊到"片"要迅速将两手打开，五根手指全部伸直，做出"切菜"的动作。

  第三句"土豆，土豆，土豆，丝"，喊"土豆"时动作跟前面一样，喊到"丝"两手手指要互相交叉，如同一根根细长的"土豆丝"。

  第四句"土豆，土豆，土豆，丁"，喊到"丁"左右食指要指尖碰指尖，如同一个"小土豆丁"。第一遍是正常速度，第二遍是加快版，连着喊"土豆块""土豆片""土豆丝""土豆丁"，并且做出相应的动作。

  这个游戏很考验学生的专注力，因为大脑需要同时完成两项任务，一项是"说"，一项是"做"。越有挑战性学生玩得越起劲。很多学生从一开始的手忙脚乱，到后来闭着眼睛也能做，很有成就感。

  游戏3：身体拍拍挑战。

  "切土豆"玩了两个月左右，学生有点腻了，因为他们已经玩得"炉火纯青"了。游戏一旦缺少挑战性，吸引力会大大降低。于是我去网上寻找新游戏。

  我特别关注那些专注力训练的小游戏，因为这样的游

张怡："身体拍拍挑战"小游戏视频

戏比较有挑战性，学生比较喜欢，还可以在玩游戏中提升学生的专注力。我又找到一款游戏，叫作"身体拍拍挑战"，这个视频里配有相应的音乐，非常有动感，说哪个部位就要指哪个部位，难就难在需要几个部位一起指，有的部位需要指一遍，有的部位需要指两遍。比如视频里喊"头、肚子、肩、肩、手"，学生先摸一次头、再摸一次肚子、再碰两次肩膀、最后鼓一次掌，必须按照节奏来，否则就会来不及。有时候一不留神，我这个老师也会做错。正因为容易出错，学生觉得非常有挑战性，非常好玩。

注意事项：老师要跟学生一起玩！

课中小游戏的目的是让学生开心、放松，为什么有的学生玩游戏也无精打采？老师的加入非常重要，这个"加入"不只是一起做，而且是要跟学生互动。"一二三，木头人"看似非常简单，为什么我们班能玩一个学期？现在我想明白了：因为我把自己当作了一个"孩子"，全身心地投入游戏中，和小朋友一起玩。

每次喊"一二三"的时候，我都会快速移动到他们面前，有时候给他们一个温柔的抚摸，有时候给他们一个大大的拥抱，有时候做出大老虎要吃人的样子，给他们一个大大的惊吓……在课上玩游戏本身是开心的，更大的快乐在于：老师全程跟他们一起玩。这个时候，老师不是他们的老师，而是他们的同伴，一起动、一起静、一起感受游戏的快乐。"切土豆"这个游戏我也跟学生一起玩，但这个游戏只能各做各的，老师不太好融入学生中，所以学生一旦玩"熟练"了，他们就不感兴趣了。

【管建刚】

"课中小游戏"的关键不是游戏，而是游戏中的"老师"，老师要跟学生互动，老师要跟学生"同乐"！谢谢张老师！

第十五章　学写作业（上）

一年级有书面作业了。一年级小朋友画不好直线怎么办？一年级小朋友应该怎么使用橡皮？一年级小朋友写字姿势不正确怎么办？一年级小朋友作业不干净怎么办？一年级小朋友写不好字怎么办？怎么提高一年级小朋友的写字速度？如何教一年级小朋友检查自己的作业？本章告诉你。

一年级有哪些作业规矩？

【管建刚】
一年级新生不知道作业有什么规矩。一年级老师却要清楚明白，每一次作业都要提醒、强调、督促，两个月立好作业规矩。

【李　冶】
一年级我有四个作业规矩。

第一个：准备的规矩。
习课堂强调课前准备，除了语文书，任务单也要提前准备。
各小组长负责在课前下发任务单，学生拿到任务单后翻到今天要上的页码，在书页中间放好一支笔，我们班统一要求铅笔头朝下，学生拿笔最顺手也最快捷，这是规矩。

第二个：握笔的规矩。
一开始，学生握笔姿势五花八门，大拇指包着食指的、食指勾着大拇指的、食指中指齐握的，有勾腕的、握得太低的等等，握笔姿势越早越容易纠正。我常用的写字姿势口诀"大哥二哥头对头，三哥弯腰下面托，四哥五弟排排坐"。握住铅笔时，大拇指和食指基本相对，即"头对头"，中指在两指下方托住铅笔，无名指和小指自然叠放于桌面。

"手指握在波浪纹处"也是我提醒学生握笔姿势的要点，中指要抵在削笔的波浪纹处，拇指与食指自然在波浪纹上方。学生"写"，老师"走"，有学生握笔姿势有误，我会将口诀变成口令"大哥二哥——头对头，三哥——弯腰下面托，四哥五弟——排排坐"，组织学生正确握笔，个别握笔姿势严重错误的学生需重点关注、指导。

第三个：写字坐姿的规矩。

要求头正、肩平、背挺、足安。任务二和任务四刚开始，我一定会用"头正——肩平、背挺、足安"的口令组织学生端正坐姿，中间还会喊口令提醒。作业时左手也有规矩。左手应平放于任务单左页，与右手形成"八字"，起到正姿和压书的作用，通过口令"右手握笔（左手压书）——左手压书（右手握笔）"，组织学生调整写字坐姿，直到正确为止。

握笔姿势和写字坐姿的组织口令不用多，每个环节1～2次即可，但不可缺，有组织才有管理，有管理才有规矩。

第四个：答题书写的规矩。

一年级新生没有接触过题目，不同的题目有不同答题细则，所以做到哪一类题目就讲哪一类题的答题要求。

1. 任务二抄写词语的规矩。抄写在田字格中，田字格抄写的规矩是"大小均匀字居中"，字写得大小均匀、高低相等，应位于田字格中间，尤其注意横中线和竖中线上的笔画要到位。

2. 选择题和判断题的规矩。任务二"选一选"用"√"勾选正确的读音时，勾选在正确拼音的最后一个字母上，"√"的尾部不能提得太高。选择题打钩的，"√"应书写在括号的中间，与括号相平为最佳。

3. 连线题的规矩。必须用直尺画直线，先在两端各画1个点，再连起来。

4. 填空和简答题的规矩。答在横线上的字，大小均匀，上部高低相平，下部不越线。不会写的字用拼音代替，拼音要与汉字对整齐，不随意不潦草。

5. 写话的规矩。方格中的书写规范分为汉字和拼音的规范，汉字书写规矩不变，"大小均匀字居中"。方格中的拼音，我要求学生写拼音前在方格中下处画上一条横线，代表拼音四线三格中第三条线，再在上面写拼音，端正清楚美观。

学生"写"，老师"走"，发现好的及时表扬。如想让学生在勾选正确读音时的"√"书写规范，就寻找做得好的并及时表扬："表扬小萱，打钩的尾巴现在收回去了，从'√'的符号中就能看出她认真写字。"

一年级学生如何画直线？

【管建刚】

一年级经常有连线作业。作业干净整洁从"画直线"开始。一年级新生如何画好直线呢？

【李　丹】

第一步：找"坑"。

要想不掉坑，"老司机"要提前看到"坑"。画直线的"坑"在哪呢？

我教学生读 PPT 上面的四步：（1）在纸上画两个点。（2）用尺子找到这两个点。（3）左手压住尺子不动。（4）用笔从左边的点画到右边的点。老师读一个步骤，在黑板上示范一个步骤，没问题。

"坑"马上要来了！

我请小朋友到黑板上画直线，老师和其他同学一起读画线的步骤。

第一个小朋友线画得不直。为什么画不直？有小朋友说，因为她压尺的时候手动了，我强调："左手压尺不能动。"小朋友们跟着我读三遍，画线的小朋友把原来画的擦掉，重新画。这一次，画直了。

第二个小朋友画的线，两个点之间还隔着一些距离。为什么他的线没跟两个点挨在一起呢？我告诉学生："因为他画线前，直尺没有紧挨两个点。"我边讲边做了示范，强调直尺要紧挨两个点。

第二步：填"坑"。

为了避免其他同学掉"坑"，我要想办法填"坑"。

前几天的习课堂新生入学常规训练，"口令"已印在学生的脑海里。所以，"画线要点"口令化，小朋友容易接受。如——

纸上找到——两个点

直尺紧挨——两个点

左手压尺——不能动

铅笔紧靠——直尺边

从左到右——画直线

　　直线不过——两个点

　　前面四个字老师领读，后面三个字小朋友接读。师生合作读、男女生合作读、快读、慢读、大声读、小声读等，小朋友把"画线口令"背下来了。

　　我下发打印的"画线练习单"。学生做好画线准备后，老师喊口令的前半部分："纸上找到——"学生答后半部分："两个点。"老师边喊口令边巡视。每句口令多喊几遍，直到巡视完每一个学生为止。遇到画线有问题的小朋友，老师停下来指导。"直尺紧挨——两个点""左手压尺——不能动""铅笔紧靠——直尺边"，这三步要人人过关，老师逐一检查、指导、纠正。

　　第三步：夯"坑"。

　　如果你以为当堂画好了线，后面可以高枕无忧，那就大错特错了。任何技能的学习都需要反复练习。"画直线"对一年级新生来讲就是一项新技能。怎么复习和巩固呢？可以用游戏。一个同学伸出拇指和食指，分别代表两个点，另一个同学模拟拿笔和尺子画直线，边"画"边背画直线的口令。"画"得好的，同学点赞；"画"得不好的，同学当小老师纠正。早上"画"一条直线，中午"画"一条直线，课间"画"一条直线，回家也可以"画"几条直线。几天下来，小朋友们画得越来越好，越来越快了。

　　画直线，我们完美"避坑"！

一年级学生如何写好字？(1)

【管建刚】

字漂亮的一年级学生，语文学习不用操心。一年级新生怎么才能写好字呢？

【朱　红】

管老师，我们分两步谈。

第一步：一年级写字问题出在哪里？

1. 出在"握笔姿势"。

"老大老二不对齐，手指之间留缝隙，老三下面来帮忙，老四老五往里藏"。"写字三个一，一寸、一拳、一尺。"读儿歌，对口令，拿起来做样子，好像都对。一下笔，各种姿势全冒出来了：老大把老二包得严严实实，伸过去老长一截；老三不在下面帮忙，反而和老大老二一起抢功劳，非要握住笔杆；铅笔头不靠向虎口，而是直直地立着身子，像是要冒充一下毛笔……至于趴着身子的、歪着脖子的、扭着腰杆的、抽着肩膀的，更是只多不少。

2. 出在"笔画"。

"老师，我不会写横。"委屈巴巴的眼神，手里的笔悬着，不落在纸面上，等老师来"救场"。也有的"竖"没写正，来回划拉几下，成了一根粗粗的小棒。那边写得快的，"老师，我写好了！"其他的跟着叫，教室乱成一锅粥。看上去简简单单的"一、二、三、上"，愣是写出了五花八门的字体。

3. 出在"顿笔"。

别提了，"顿"的那个笔呀，横的开头多出一截，结尾多出一截，中间那截还扭一扭，真像个累得打颤、两头翘起的扁担。还有的，捺的顿笔出锋，直接变成翘尾巴，还有把捺写成了斜钩的，哭笑不得。

4. 出在"占位"。

认田字格时，我说，学生指，我指，学生说。田字格认得挺熟了，为啥写字时完全不管呢？什么横中线、竖中线，起笔、收笔的，统统不管。想在哪里下笔就在哪里下笔，自由、随意、奔放！管它在左半格还是右半格、上半格还是下半格，想安在哪里就安在哪里，主打一个"我的字我做主"！

5. 出在"结构"。

"三"的三个横，要么统统写在横中线以上，要么全在横中线以下。

"口"字写成方框，大大的，管你上宽下窄还是上窄下宽。

"日"字好像瞬间增了肥，大到格子都装不下了。里面的短横非要挨着横折的折，中间的短横根本不居中，把"日"字硬生生分成了一大一小两个部分。

"田"字却写得小小的，小到好像连一棵草都种不上，更别谈种庄稼了。

"火"和"禾"的撇、捺，双双跷起腿跳起了蒙古舞，煞是好看……

6. 出在"笔顺"。

写字小视频看了，老师示范了，手指书空了，你以为没啥问题了吧？错！依然有学生把"口"字画个圈的、"日"字先封口的、"上"字先写最后一长横的……只有你想不到，没有一年级新生写不出的笔顺。乱象还不止写字，插嘴的、玩尺子的、切橡皮的、卷书角的、玩手指的、走神的……嗓子喊到冒烟，字没写两个，一节课没了。

我想通了，那些一开始写得好的孩子，上小学前报书法班练过，不算我教好的。只有完全没学的、字丑得不想看的，写好了才算我的功劳。我们班65%的孩子从没正经控过笔、写过字，我只能放慢速度，每一课先教写字，再用任务单上一年级习课堂。怎么教写字呢？

第二步：分析了成因，再说对策。

1. 用好语文书。

每一课的生字表后都有田字格，里面的字就是要求学生正确书写的汉字。第一单元是识字单元，每课要求写的字只有四个。然而要写得入格、写得正确、写得流畅，一点儿也不轻松。识字第2课《金木水火土》和第3课《口耳目手足》，习课堂的课件里有新笔画、有笔顺动图，还有专业老师的写字小视频，照着上课，多方便、多轻松啊。错！

面对一年级新生，你绝不能像高年级那样当"甩手掌柜"，尤其是书写。

首先要训练控笔的能力，然后要解决笔画笔顺的问题，最后是让学生明白田字格的占位。

从《日月山川》开始，我先用一节课简单教学生指读课文（只认读），读生字表，读田字格，主要训练学生"读哪儿指哪儿""指哪儿看哪儿"的习惯，不能小和尚念经有口无心。必须手到、眼到、口到、心到，为正式使用任务单打下基础。

教材里的生字如果有新笔画，会单独列出来，提示我们要教笔画。红色的笔画就是方便学生描红的。生字的笔顺也清晰地印在田字格上方，我带着学生："说指笔顺——""就指笔顺。"我一组一组观察学生的手指是否到位，个别找不到位置的，我快步来到他们面前纠正。接着一句一句地带读，如"日"字："'日日日'，一笔竖，二笔横折，三笔横，四笔横，四笔写成'日日日'。"我一边在教室里巡视一边指导孩子们，手指随着书上的笔顺动起来，变"笔写"为"手写"。我教两遍，学生自练一遍，男女生互练一遍，描红两个。学生仔细观察生字在田字格中的占位后，照着写第三个，争取写得跟书上印的字一样好。当然，这中间一定要找到典型学生，表扬并盖章激励。

一年级新生要"手把手"地教。

比如"日"字太胖的，让孩子再观察书上的字和自己的字哪里不一样，是不是自己的起笔没有找准？对照书上的字，我们要确定是从左上格靠近竖中线的地方起笔写竖，这一竖穿过横中线，上下几乎一样长；第二笔横折，横写多长再"折"才好看？竖中线两边横的长短一致就"折"；第三笔横是从横中线起笔写的，略斜一点，不能挨着右边的折，需要留一点空隙，最后封口。

比如"火"字，有孩子先写"人"，再写点和撇，我让孩子先读书上的笔顺，再书空，擦掉错误的字再写。还有"禾"字的撇、捺太长，像是人穿的衣服，袖子太长拖地了，没精神。我问孩子哪里不对。孩子会发现，"禾"字里最长的是"竖"，撇和捺不能太长。也有不会写撇、捺的，我握住孩子小手在书上写一写。

还有些孩子苦恼记不住顿笔，我在PPT上自动播放笔顺的动图（习课堂

PPT里有）。握笔姿势不对的，随时关注、提醒、纠正，能帮一个是一个。

四个生字指导一轮，用了大半节课，再读读课文，组词带读生字，课后的连线题也一起完成了。

2. 写在本子上。

先练习新笔画。老师在黑板上示范书写，如"丿"，起笔重，再慢慢变轻提笔起来，就会形成一个"尖尖"；"㇏"，下笔时轻点，逐渐加重，最后重重顿笔再轻轻提笔出尖。

"手指——""书空。"学生书空三遍笔画，再在本子上写。看到一些学生不能写出笔锋，我便用手指在他们的手心里写几遍，这样，孩子才能直观感知到笔画的轻重快慢。

一定要让学生观察生字在田字格中的占位。

我带着学生先复习田字格，横中线、竖中线必须认得门儿清，只要有笔画压线，字就比较容易指导。接着，请一两个学生描述生字的起笔、收笔、占位、压线等要点，老师在黑板上的田字格中示范书写，一边写一边让学生伸出手指书空笔顺，并提醒学生下笔的轻重变化。

看老师的示范书写，学生书空两遍，再在本子上写。每个字写七遍，刚好一行。等学生熟练控笔后，可以写三遍。我穿梭在学生中间，来回观察、指导，随时纠正握笔姿势，调整孩子的坐姿，写得比较好的盖章激励。

这样指导书写四个生字，一节课没多少时间了，可以做个小游戏放松一下。

前天我教写了《日月山川》四个生字、两个笔画。第二天，用习课堂模式上第一课时。四个任务基本完成。第三天，第二课时也顺利完成，孩子们的书写比较顺畅了，笔画和间架结构也有了很大的进步。

每一篇课文都提前用两课时教写字，课时不够啊。不急，目前是小朋友没写过字、没控过笔的特殊阶段，等熟悉田字格、会观察、会比较后，可以逐步减少提前教生字，到那时，一般只在语文书上完成描红就可以了。

一年级学生如何写好字?（2）

【管建刚】

一年级习课堂配有写字书空动画、铅笔写字讲解视频，资源很好，但学生在任务单上的练写效果一般，为什么？怎么办？

【张萌霞】

为什么？因为识字、记笔顺、写字、写好字，"一心四用"，对六七岁的娃来说几乎是不可能完成的任务。

怎么办？一年级上学期的写字，早读课上先学、先练，语文课上的任务二"写一写，抄一抄"相当于复习和巩固（一年级本来就要），如此一来，习课堂的四个任务更流畅了，一节课都能上完。

早读课怎么"教写字"？以第2课《江南》会写字"可""东"为例——课件出示带拼音的"可""东"，学生通过拼读、口头组词认识这两个字后，可以"教写字"了。

1. 出示习课堂课件，认识新笔画竖钩，学生读笔画名称，书空笔画竖钩，看老师范写竖钩，带书写口诀书空竖钩：写竖钩，顿竖顿钩。

2. 出示习课堂课件中的"可"字笔顺动画，先看老师书空"可"字2遍：写"可"字，一笔横，二笔竖，三笔横折，四笔横，五笔竖钩，五笔写成可可可。学生再书空"可"字。接着看老师跟着动画书空"东"字2遍：写"东"字，一笔横，二笔撇折，三笔竖钩，四笔点，五笔点，五笔写成东东东。学生再书空"东"字。

3. 出示习课堂写字小视频，播放前对口令，"看视频——找关键笔画"。

4. 一起说"可""东"的关键笔画，老师再范写。"可"字，第一笔横在上半格要写长一些，"可"字中的"口"的横折的折在竖中线上，竖钩要拉长。老师范写"可"字。"东"字，第一笔撇折在上半格竖中线起笔，折在横中线上，竖钩在竖中线上起笔。老师范写"东"字。

5. 在语文书的田字格上写字。先强调握笔姿势，再强调坐姿。学生坐姿到位后，再强调练写要求：描红 2 个，练写 1 个。写前对口令，"描红描红——笔笔重合""写字写字——一看二写三对照四修改"。

学生练写，老师巡视指导。时间到，投影展评优秀的书写，先评价描红，是否一笔到位，笔笔重合；再从关键笔画的角度评价写好字："可"字的"口"，横折折在竖中线上，竖钩在竖中线收笔；"东"字撇折在竖中线起笔，横中线收笔，竖钩在竖中线起笔收笔，然后让学生对照书本范字修改。

一年级下学期可以拿掉"早读课写字"的拐杖。如果不行，那就继续，到二年级再拿掉。一切以学生的实际情况、需求为准。

第十六章　学写作业（下）

一年级学生如何写好字？（3）

【管建刚】

2025年秋季起，一年级上学期第一单元的任务单，一课时的改为两课时，两课时的改为三课时，希望这个小变化能让一年级小朋友的写字更从容些。

【张　怡】

管老师，我第一次用习课堂带一年级。新生入学一个月，50％的学生的习字册得"优秀☆"，这是我以前教一年级从来没有过的。

一年级新生的写字，我这么做——

第一步：写好笔画。

1. 认笔画。习课堂PPT里，每个笔画下都有一句"笔画要领"，一是笔画形状的要领，二是书写的要领。示范前，我会带着学生读"形状要领"，比如"点"，PPT上写"小蒜瓣，向右斜。由轻到重，顿、回收"，我会边指着PPT上"点"的图片，边让学生和我一起念"小蒜瓣，向右斜"，直观的图片、儿童化的语言，让学生对"点"有了清晰的认识。

2. 写笔画。我在黑板上示范，学生跟着我书空写。我喊"金手指"，学生边喊"伸出来"边右手手肘垂直于桌面，伸出右手食指。写横画，起笔时我边说"轻"，边轻轻在田字格左上格起笔，学生一边说"轻"一边书空。从田字格中间交叉部分写下去的时候，我边说"顿"边用力在黑板上停顿一下，学生也边说"顿"边将食指在半空用力按了按。最后我边说"收",边将粉笔在"顿"地方往回收了收,学生照做。

第二步:写好汉字。

1. 说笔顺。一年级新生写字笔顺容易出现错误。所以示范前,我会带着学生跟着PPT上的动图,书空说笔顺。如学写"火",我的手指指着PPT上的动图"火",动图写"丶",我边书空边说"一笔点",学生也边书空边说"一笔点";动图写"丿",我边书空边说"二笔撇",学生也边书空边说"二笔撇",带着学生把"火"字书空写1~2遍。

2. 示范和讲要领。"竖撇居中线,顿竖撇出弯。右撇略高,捺顿出脚",这是"火"的书写要领,高年级学生先读要领、再教师范写。一年级新生读一遍"要领",压根不懂什么意思。所以,"写字要领"要与老师的范写结合,写到"丶"的时候,我会说"撇比点高",写到"丿"的时候,我会说"竖撇居中线",写到"㇏"的时候,我会说"捺要尖尖的,要出脚",写完"火"字,再带学生读要领,这时小朋友基本能懂了。

第三步:充足动力。

1. 印章激励。字要写得好,身要坐得正。一年级新生特别喜欢趴着或贴着桌子写,"一拳一尺一寸"这个口令是我喊得最多的,有的小朋友只动嘴,姿势没有改,有的口令也不喊,自顾自写。我会表扬边喊口令边调整坐姿的学生:"张老师听到了袁鑫雅清脆的口令,更让张老师感动的是,袁鑫雅边喊口令边把小拳头放在了胸前,为她点赞!"并在她的习字册上重重地敲上了两个奖励章。然后再次喊"一拳",这时几乎所有的小嘴巴都会喊"一尺一寸",越来越多的学生会把小拳头拿出来,我走过去一个个给他们敲上两个章。

要特别关注学生的描红。很多学生描红只是大概描一描,他们不知道为什么要描红。看到认真描红的学生,我会走过去敲上一个奖励章,说:"闵梦瑶描红时就像在练字一样,怪不得她的字写得那么漂亮,因为她在用心学习书上的字。"看到学生写的字和书上的范字一样大小,我会敲上一个章,因为学生在用心观察。如果还能写出笔锋,那再敲一个章。

2. 展示激励。一年级学生喜欢得到同伴和老师的认可。投影展示习字册是一种非常好的方式。第一次写习字册前，我跟学生说："有三种小朋友的习字册可以被张老师投影展示出来：第一种，每个字几乎和例字一样大小、一样漂亮；第二种，今天的字比昨天好看了，今天的字也可以展示出来；第三种，书写面非常干净，看不见擦改痕迹。"明确了要求，学生写的时候就有了目标。

展示时先不公布名字，而是告诉大家展示的原因。比如："这位小朋友之前的卷面很脏，经常出现擦破的情况，今天的习字册非常干净，几乎看不到什么擦改痕迹。"然后慢慢走到这个学生身边，再看着他说道："这就是沈俊辰小朋友，大家把掌声送给他！"随即，我和全班小朋友一起，有力地竖起两根大拇指，喊道："顶呱呱！"

3. 写字相册激励。课上只能展示又快又好的学生，那些速度较慢、字也不错的孩子怎么办？比如小余对自己要求比较高，一直擦了改、改了擦，每次老师要展示了，他就急了："老师，等会儿，等会儿，我还没好。"写完了，过来问我："老师，这个字可以展示吗？"我感受到了他内心对于展示的渴望。

于是，我想到了用"班级相册"进行课后展示。我跟学生说："课上没有来得及被展示也没有关系，还有第二次展示机会，展示给我们班所有的家长和同学们看。"我现场拍了一本习字册，用美图秀秀在照片上写上名字，然后发在群里，并告诉学生，群里一共有 5 位老师、84 位家长，都能看到他们漂亮的字。小朋友立刻惊呼"哇！"写完识字 2《金木水火土》，我建了"识字 2《金木水火土》优秀作业展示"的相册；写完识字 3《口耳目》，我建了"识字 3《口耳目》优秀作业展示"的相册。每学完一课，我都会给全班同学看一下写字相册，里面有哪些学生的作品，大家把热烈的掌声送给他们。

一年级学生如何用橡皮？

【管建刚】

橡皮和铅笔是搭档，用好橡皮对写好字也有很大的帮助。

【沈　宁】

学生想用橡皮就用橡皮，下笔写字就不专心，反正错了可以擦。擦了写、写了擦，本子容易破损，还浪费时间。

小黄的字很漂亮，但任务单的"抄写词语"总不能在规定时间内完成。我发现，小黄写上几笔就要擦掉重写，有时一个字要写好几遍。他擦干净一个字需要5秒钟，如果一个字重复擦2遍，加上写的时间，一个字至少30秒，一分钟只能写2个字，难怪规定时间里完不成。其他完不成任务的小朋友是否也有同样的问题？我注意观察，果然如此。我和同学们约定：每个人在做任务二时，最多只能用3次橡皮；做任务四也如此。

怎样管理呢？我站在讲台旁边观察全班，看到某位同学使用橡皮，便帮助其计数："某某同学用橡皮的机会还剩2次哦！"虽然不能精准计数，但对频繁使用橡皮的同学有提醒作用。心里有了清楚的界限，写字时小朋友会谨慎。下课时，任务单的完成率从原来的80%直接飙升到100%。橡皮少用了，写字速度快了，写字的准确度也高了。并且，因为专心了，字的美观度也提高了，真是一举多得。

工欲善其事，必先利其器。老师都知道中华牌HB铅笔好用，一般也建议家长买它。铅笔和橡皮是哥们，铅笔写错了字，要用橡皮来擦。橡皮擦不干净，"破天窗理论"会成为现实。质量不好的橡皮有三个特点。（1）橡皮跟纸的摩擦力不足，小朋友要用力来回擦。（2）橡皮容易碎，擦几下变成了两块，再擦几下变成了四块。（3）橡皮屑四处飞，桌面很脏，不好收拾，学生就往地面上吹。

很多家长不知道，孩子写不好字的原因也许出在一块劣质的橡皮上，孩子在"写和擦"之间沮丧，老师批评他没擦干净，批评他桌上到处是橡皮屑，还把橡皮屑吹到地上。

质量好的橡皮，擦1~2下就干净了，橡皮几乎不碎；擦下来的橡皮屑连成一条，手一捏就抓走了。一年级的老师要推荐家长买好一点的橡皮，绝不能贪便宜，橡皮再贵也贵不到哪里去，比如樱花牌橡皮、得力橡皮、辉柏嘉橡皮、施德楼橡皮。

一年级课前准备的内容有：语文书、任务单、铅笔、橡皮、尺子。书本和任务单放在桌子左上角，铅笔放在桌子正前方的笔槽里，尺子放在桌子右边凸起的卡线处，橡皮呢，没有固定位置。大部分同学把橡皮放在铅笔旁边，由于橡皮的大小和形状不同，不能和铅笔一起放在细长的笔槽内，导致拿书或任务单时，橡皮碰掉在地，会影响小朋友上课。

巧了，我们的课桌右上角有一个直径约七八厘米的圆形凹槽，特别适合放橡皮，可以容纳各种形状和大小的橡皮。橡皮有家可回，可以解决被碰掉、丢掉的大问题了。

上周的视频教研，同组的老师看了我的视频课，说："你们班学生使用橡皮的次数明显减少。"橡皮和铅笔是好朋友。铅笔要写好字，要写出速度，"橡皮"这个因素非考虑不可。

一年级如何提高写字速度？

【管建刚】

习课堂要求作业当堂完成，一年级上学期"限时抄写词语"往往来不及，有什么办法吗？

【张　怡】

一年级习课堂第一课时任务二的"抄写词语"，大部分学生来不及完成。因为来不及，字迹也潦草了。怎么办？只有找到原因，才能想出对策。

原因1：没有边抄边记。

早读教了生字，并在习字册上练了，为什么课上还有学生来不及？除了写字慢，有没有别的原因？

我询问课上完不成抄写的几位同学，他们都说不出来。我把问题抛给了全班学生。谢昊笛的话让我恍然大悟，他说："因为他们没有边抄边记。"我立刻问全班学生："哪些小朋友抄第二遍的时候，不用看例字而直接写的？"大部分学生都举手了，那几个没来得及完成的学生，一个都没有举手。哦，他们不知道什么叫"边抄边记"，怎么做才是"边抄边记"。原因很简单，我没告诉过学生怎么"边抄边记"。那些会的学生是自己琢磨出来的，然而总有自己琢磨不出来的。

我的对策：

我告诉学生，抄第一遍词语看着例字写，抄第二遍试着不看例字，有不会写的地方再看例字，这就叫"边抄边记"。我拿了一本任务单，进行了"示范"。比如识字4第二课时《猜字谜》里的三个词语分别为"红花、同时、出动"，我先抄写一遍"红花"，看一笔写一笔，确保每个笔画的位置都和例字一样；抄第二遍，我基本不看例字，因为我把每个笔画、每一笔在什么位置，都记住了。我还演示了抄写"同时"，第二遍写到"同"字，我看了一下例字，因为我不确定这个"同"字里面有没有一横。第二遍抄"出动"，"出"字写完第二笔"竖"，我瞥了一眼例字，因为我不确定第三笔"竖"是不是一竖到底的。

小朋友这才明白，抄第二遍词语时，不确定的地方、容易写错的地方要再看一下例字，其余不用看，因为抄第一遍时记住了，第二遍速度就快了。第二天，那几个来不及抄写的学生，全都来得及了。

原因 2：写字累导致写字慢。

小朱抄写时，写一个，停一会儿，每次都来不及。一开始我以为她在发呆，下课问了才知道，她是写累了，休息一会儿。我有点不相信。6个词语每个2遍，一下子抄完会有点累，写一两个字就累了，是不是找借口？

课上我观察她的抄写，终于发现了原因：她的握笔姿势出问题了。正确的握笔是铅笔躺在大拇指和食指的凹槽处，而小朱的铅笔是倚靠在食指上的。回到办公室，我用正确的握笔姿势写了一个词语，又用小朱的握笔姿势写了一个词语，才懂得了她所说的"累"是什么意思。当铅笔躺在大拇指和食指凹槽处写字时，是笔尖在用力。而铅笔倚靠在食指上写字时，是整个手腕在用力，写的时候要花费很大的力，所以手会很酸、很累。

我的对策：

我告诉小朱写字累的原因，并把正确的握笔姿势示范给她看。"你如果能像张老师这样握笔，写字就不会那么累了。试试好吗？"她努力地点了点头。第二天课上，一到抄写词语，我马上走到小朱身边，本想提醒她的握笔姿势，结果，我发现她的握笔姿势是正确的，正在专心地抄写呢。抄的时候，笔不再停下来了，写字速度明显快了。到任务四，我再看她的握笔姿势，还是正确的。

在我的认知里，握笔姿势非常难改，因为它已经变成了一种习惯。为什么小朱这么快改正了呢？因为她写字不累了，速度变快了，由此获得了愉悦感、成就感。当一个人做一件事时体验到了快乐，那她就会主动地、自觉地去做。当然也跟一年级刚起步有关，如果老师不及时纠正，坏习惯越往后越难改。

管老师，提高一年级孩子的写字速度太重要了，因为"减负"的根本是减少作业的时间。写字速度快了，相同的作业量所花的时间就少了。怎么提高一年级学生的作业速度呢？我还有三点做法——

1. 多练，提高写字能力。

写字能力、写字速度要从一年级抓起。

习课堂的每一节课都要当堂写、限时写。小沈同学入学前没写过字，把握不好字的结构，左右结构、上下结构的字都会分得很开；他也把握不好字的大小，字写得顶天立地，每次都会碰到田字格的四周。难写的笔画如"横钩""撇""横撇""捺"等，他看着范字没法正确写出来，"横钩"会写成"横折钩"，一直擦，有时写着写着哭了，嘴里还念叨："好难，我不会写。"入学两个月，他的任务单都来不及当堂完成，根本原因是书写能力弱。

一个学期的刻意训练，小沈的字有了明显进步。怎么刻意训练呢？

（1）手把手教。小沈写不好的字，我手把手教他写一个，边写边告诉他怎么观察，"示范字的横写在横中线上，那我们的横也需要写在横中线上"，每次手把手教他写1～2个，慢慢他知道了什么叫"观察"。

（2）持续激励。看到小沈写字身板挺得直直的，我表扬。看到他横写平了，竖写直了，我表扬。看到他在一笔一画对照着范字去写，我表扬……不断地激励给他足够的信心，让他知道写字并没有那么可怕，让他相信自己有进步，能把字写好。

（3）熟能生巧。任务单上写、习字册上写，写得多了，手部肌肉得到了充分的锻炼，自然有力了，有力了写字便找到感觉了。一年级下学期，小沈自豪地指着自己写的字说："张老师，我的字写得越来越好看了！"

2. 限时，树立时间观念。

课上写不完，课间可以写，下节课可以写；回家作业18：00写不完，19：00可以写，20：00还可以写。写作业没有明确的时间规定，造成作业拖拉，作业速度越来越慢。

数学老师一直夸我们班作业速度快，一节课完成的作业量比他教的另一个班多。为什么？因为习课堂上每次都限时完成任务单上的作业。任务二、任务四的答题，PPT里会插入相应的倒计时，时间到、铃声响必须停笔，跟考试一样，没写完的算错。做题前，老师喊"说看倒计时"，学生边喊"就看倒计时"边把目光聚焦在倒计时上，倒计时一动，学生齐刷刷低头开始答题，没有一个学生会东张西望，慢慢吞吞，因为他知道时间到就没法再写了。使用倒计时，一方面学生写作业有了紧迫感，写的时候集中注意力；另一方面培养了学生的时间观念，知道做任何事情都有时间限制，这样才高效。

用了习课堂，我才发现作业速度是可以训练出来的，一年级上学期我们班也有学生当堂来不及完成任务单，到了下学期，几乎所有学生都能在规定时间内完成了。限时作业，每天如此、每课如此，三天打鱼两天晒网干不成任何事。

3. 抗干扰，专注作业训练。

课上，你会发现作业速度快的学生基本不抬头，一直专心地写；作业速度慢的学生，只要教室里有一丁点风吹草动，他马上第一时间抬头。为什么？因为他的抗干扰能力较差。下课订正作业，周围有一点声音，他便忍不住要看，听到周围同学说话也忍不住要插几句。有的学生想题目时要捂住自己的耳朵，因为下课吵闹，他静不下心来，如此速度肯定慢。走廊上的脚步声，其他班上课的声音，外面的礼炮声、哗哗的下雨声……这些都是无法避免的。所以要想学生能专注写作业，就要提高他们的抗干扰能力，训练学生在嘈杂的环境下也能静心学习、做作业。

怎么训练？习课堂有一个办法，先完成作业的同学要大声读背奖励题。在此起彼伏的背书声中，谁能在有限的时间里把要背的内容背下来，谁就有抗干扰能力。那些没有做好的同学，也要在别人的背书声中，继续自己的作业，这也是在训练他们的抗干扰能力。几年习课堂下来，我发现这个方法非常好，原本背书需要捂住耳朵的学生，现在背书不用捂耳朵了，原本听到别人背书便停下来张望的，现在也能专心致志了。

一年级学生如何检查作业？

【管建刚】

关于作业还有一件事：检查。怎么教一年级小朋友检查作业呢？

【许慧敏】

这是我第二次用习课堂教一年级，满怀欣喜地上了第一节课，比较顺利地来到了任务四，耳边响起了学生读奖励题的声音。我告诉学生，以后做完了作业检查三遍，如果还有时间，再读奖励题。所有学生都一脸茫然地看着我，一点反应都没有。我补了一句："检查啊，看我干吗？"学生依然没任何反应，我突然反应过来，我没教过学生"如何检查"。

1. 示范讲解。

投影出示任务单，左手拿起一把直尺按在任务单上，右手放在尺子上方，像指读一样，从前往后检查，检查完一行，尺子往下移动一行。我告诉学生：

第一遍检查有没有漏题。一定要重点看填答案的横线、括号等是否有空白。

第二遍检查字迹是否规范工整。用尺子按住，手指着一行一行检查，重点关注自己书写的字迹是否规范。

第三遍检查答案是否正确。用尺子按住，一行一行指着检查，要把题目和自己填写的答案带进去读，检查答案是否正确。

2. 实操练习。

我在投影上做，学生七嘴八舌地说老师在干什么。我说"第一遍检查有没有漏题"，学生说后面的内容；我做第二遍检查，说"第二遍检查字迹是否规范工整"，学生说后面的内容；我做第三遍检查，说"第三遍检查答案是否正确"，学生说后面的具体内容。之后我请一个学生来演示三次检查。

我叮嘱学生："你们先努力做好前两遍的检查，第三遍检查有点难，一种是全做对了，一种是有错自己查不出来。实在查不出错的也没关系，因为许老师也有查不出自己做错的题的情况。所以能检查出自己错题的人，都是非常非常了不起的人。"

听到连老师都检查不出自己的错题后,学生干劲十足,想要超过老师。现在,我们学生只要自己检查出一个错误,能开心好几天,觉得自己是个了不起的人,做到了老师都没做到的事情。

3. 完善方案。

学生按步骤和要求检查,倒计时响,不少学生说还没检查完三遍。于是我和学生一起商议,任务四结束后,再单独计时一分钟专门用来检查。这一分钟要接上刚才没检查完的,继续检查。这也让学生知道"做完作业,检查是必须做的事情"这个道理。

既然检查作业要"单独计时",那就要课堂组织,要有课堂口令。我跟学生一起商量出了"检查"口号:"手拿直尺,三遍检查。"因为是大家一起商量的口令,这事在小朋友心中成了自己的大事。所以,我的学生特别期待最后一分钟的"检查"。每次我说"手拿直尺",学生眼里都放着光,坐得神气,大声回复"三遍检查",同时左手快速拿起尺子。我问"一查",学生答"漏题";我问"二查",学生答"书写";我问"三查",学生答"正确"。我说"开始",学生齐刷刷低头检查。

有老师觉得一年级小朋友"说了不听""听了不做"。现在想来,不是学生不愿意做,而是不知道怎么做。要求学生写完检查,却没有教过学生检查的步骤;要求学生预习,也没教过学生可操作的预习步骤。很多事,大人想当然地以为学生"会",其实一年级小朋友都是"不会"的。

【管建刚】

大人觉得简单的事,到小朋友那里都成了难事,因为那是他们的人生"第一次",这么想,我们便可以心平气和地跟小朋友一起生活、一起学习了。

第十七章 学交作业

一年级小朋友要交作业本了。一年级小朋友怎么交作业井然有序？一年级小组长怎么收作业本又快又好？一年级收作业本的小组长怎么培训能很快胜任？一年级作业本为啥要贴彩条？又该怎样贴彩条？本章告诉你。

一年级作业本为啥贴彩条？

【管建刚】
一年级新生大多不识字，拿到自己的作业本也不知道是谁的。怎么办？
【武家欣】
管老师，办法总是有的。
办法一：巧用标签贴。
开学时，班主任用标签贴教小朋友排队。她把男生编为1～22号，女生也编为1～22号。教室里，1号男生和1号女生坐同桌；排队时，1号男生和1号女生肩并肩。标签贴在手上，短短一天，帮小朋友解决了找座位、找搭档的难题。

受此启发，我开发了作业收发系统。

1. 同组同色。

准备四种颜色的标签贴，四种颜色对应四个大组，名字贴在任务单的左上角。这有三个好处：

（1）学生能直观感受到一个组就是一个小集体，全班四个组就有四个小集体。

（2）组长很容易找到本组的作业，偶尔作业本掉地上，一看标签颜色就知道是哪个组的。

（3）老师如以"一组""二组"来称呼，一旦轮换座位，光争论谁是"一组"、谁是"二组"都要费上半天，以"蓝组""红组""黄组"来称呼，不管座位怎么轮换，都没有问题。

2. 同桌同号。

第一组第一排的同桌，一男生一女生是01号，以此类推，同颜色同号码的两本任务单只出现在同一张桌子上，小组长按序号收。

		讲台					
一组（橙色）		二组（绿色）		三组（紫色）		四组（蓝色）	
01罗语桐	01黄沐辰	06张欣月	06卢柏轩	12李樟	12张于帛	18廖紫芊	18周皓博
02李圉晨	02杨顺泽	07代雨彤	07方语宁	13李思洪	13李紫恒	19张铸露	19海岳
03梁芷睿	03秦子皓	08李子念	08满泽阳	14李诺薰	14夏熙谨	20第一伊	20吴昱霖
04田景	04施珺尧	09左梓萱	09李诗帆	15陈之念	15杨博然	21蔡安然	21张峻辰
05张欣妍	05赵明文昊	10杨诺伊	10张振扬	16李伊	16李致远	22邓高怡	
		11常茹艺	11彭钰海	17杨固婷	17张育玄		

几次实操，组长已经记住本组开头的同学是几号，结尾的同学是几号，只要从开头到结尾的数字成对出现，就说明任务单收齐了。就算课间很多同学不在座位，组长也能通过个别在座位的同学来定位，让任务单"对号入座"。

第二条：设立"中转站"。

开学第一周，小朋友常常在送任务单的途中，找不到我这个语文老师的办公室。于是我设立了一个"中转站"。

教室书柜的一层清空，分成四块，相应的位置贴上彩色标签。一下课，小组长只要把收好的作业按标签颜色放在指定位置。办公室放作业的区域我也贴了四个标签，小组长搬来作业直接放到相应区域。

作业中转站还有一个好处：便于发任务单。

每次批完任务单,我立即送回"中转站",大大节省了小组长的时间。

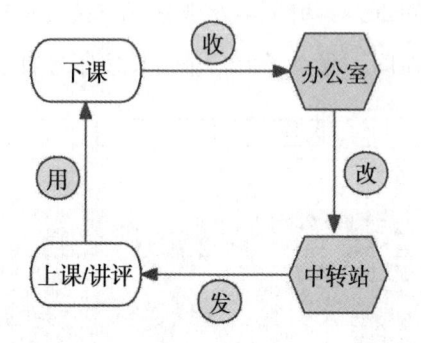

第三条:培训"业务员"。

有了"标签贴"和"中转站",收发任务单容易多了。橙色组的小组长总是第一个收好、第一个发下去,于是我请他分享经验。他说了三点:

1. 收任务单,要先跑到最后(序号最大)的一桌,从后往前收,这样收,任务单从上到下的数字就是从前数到后的,这样顺着数数快。

2. 作业都是同桌一对一对收的,男生座位在外边,任务单放在下;女生坐里边,任务单放在上。走一个过道可以收完所有作业。

3. 发任务单要大声念名字,这样两天就认识同一组小朋友的名字了。

我马上把他的经验在小组长那里推广。开学第四周,"任务单收发系统"完美运行,我心里可美了。

一年级作业本怎么贴彩条？

【管建刚】

作业本上"贴彩条"，习雅丽老师玩出了新花样、新高度。

【习雅丽】

一年级新生什么都要一步一步教，"贴彩条"也是。

第 1 步：贴小彩条。

网购小彩条，一圈一圈的，五颜六色的，好似彩色的加厚版双面胶。随意选择其中一个颜色，截取一小段，贴在作业本边缘的左上角，从侧面能一下子看出彩条的颜色，组长的本子贴 2 根彩条，彩条上用记号笔写上每个学生的小组序号。

彩条＋序号，每个学生的作业本一目了然。

第 2 步：培训组长。

贴好后，我把作业本搬到讲台上，让孩子们观察作业本有什么不同。孩子们很快发现了彩条。我告诉大家，每个组有对应的彩条颜色，彩条上还写好了对应的序号。

接着培训组长：收的时候，从后往前收，将大号码放在下面，按照序号从大到小收，发的时候从前面，根据序号从小到大往后发。全部收好后，竖起来在桌上震两下，对齐，清点总数。谁没交，看缺的彩条颜色和序号就能很快找出对应的学生。

第 3 步：补完作业。

限时作业时间到，小胡、佳佳和小欣对任务二有些不懂，任务四也没写完，可组长们一下把作业都收上来了。我请课代表把三人的任务单找出来，可以到我办公室补 3 分钟。课代表豆豆去问三位同学的彩条颜色和序号，很快找到了他们的任务单，等他们补完后，任务单归位。

第 4 步：精神激励。

怎么让大家都想认真交作业呢？物质奖励不是长久之路，要开拓精神奖励。没错，就是这简单的两根彩条。组长的作业本都有2根彩条，看似简单，小朋友却充满着渴望。我跟学生说，谁的作业连续一周按时交，就可以得到跟组长一样的两根彩条。

　　管老师，一年级多的是管理问题，怪不得习课堂那么强调课堂管理！

一年级小朋友怎么交作业？

【管建刚】

习课堂上，小朋友完成任务单后，怎么"交"和"收"才又快又好？

【李　冶】

一年级新生做什么最好都能分出步骤，小朋友才学得会，收交任务单也是。

徐雯：一年级当堂收任务单小视频

第一步：什么时间收任务单？

下课了，小组长还要收作业。有的组员没有把任务单翻开，小组长要一本本打开后收，增加了小组长的工作时间。我要给小组长"减负"。

下课铃声响，我喊"小组长"，小组长们答"到"后起立；我喊"就位"，小组长从自己的座位快速来到最后一个同学身边；我喊"收"，小组长从后往前收任务单。任务单收齐，再起立结课，小组长就能和大家一起下课休息了。

第二步：如何快速收任务单？

动作麻利的小组长碰到慢慢吞吞的"小蜗牛"组员，往往没辙。收作业不仅仅是小组长的事情，更需要组员的配合，效率才高。

老师喊"小组长"，小组长起立时，组员要打开任务单，翻到任务二所在的页码。老师喊"就位"，不仅小组长要就位，组员也要就位——翻好任务单，坐端正等待组长收。然后老师一声"收"，小组长便能顺畅地从后往前快速收任务单。

第三步：任务单如何收整齐？

小组长收任务单时，拿任务单的样子也各式各样，有的小组长握住书脊的上下两端，书页的两侧软塌塌地耷拉着，页码容易卷起；有的小组长像拿语文书那样，握住书页的两侧，一本叠一本地收，全部收完再合拢，由于任务单厚，书脊不容易对齐，任务单高高低低，与其他组的任务单叠放时，有的任务单还会脱落出来。一年级新生，要想整整齐齐地收好任务单也不容易。

小组长肖铃凡收任务单最快最整齐。我观察她，每叠放一本她就把任务单合拢一次，右手抓着任务单，把上面一本任务单放在右页，左手合拢任务单，这样就能将书脊对齐，侧面看就像一个个夹在一起的小于号"<<<<"。我立刻表扬："肖铃凡动作好快，你们看她收的任务单都夹在了一起，好像一根鱼骨头。"其他组长看了，都在整理自己收的任务单，也想要出现一根"鱼骨头"。下一次收任务单前，我请肖玲凡示范，其他小组长也收上了一根根"鱼骨头"，又快又整齐。

一年级怎么培养作业小组长？

【管建刚】

李老师观察做得好的孩子，从中提炼出办法，赞！一年级如何有序、快捷、整齐地收作业呢？

【朱 红】

第一，选拔小组长。

谁收发作业？小组长。一年级老师的琐碎事太多了，一忙，会忘了发；如果课上发，宝贵的课堂时间用来发作业本，亏大了。怎样的小朋友可以当组长？

我考察四条：（1）作业速度较快；（2）做事利索，整理能力强；（3）识字能力强，能较快认识本子上的名字；（4）能轻松抱起本组7~8本的任务单。

老师们可能觉得选班长要花心思，组长可以随便些。其实，组长才是天天帮我们干活的人，组长负责、能干，能省老师很多的时间和精力。

第二，收作业训练。

生字本、任务单当堂完成后，要马上收起。怎么收？

第1步：作业本翻开到指定页码，平放在桌面上，组员在座位上不乱动，不说话，也不要把作业本拿起来递给组长，静等组长来收取。

第2步：组长从后依次往前收，正面朝上，上下本子对整齐。

（1）组长收作业时，不要拿着自己的本子，必须空手来到最后一排，双手拿起组员的作业本，往前依次收取组员的本子。

（2）写字本收齐合上后，在第一排组员的桌面上竖直，轻轻叩击，理齐所有的本子。任务单比较大、比较厚，不要合上，两手握住任务单的两边，在第一排组员的桌面上竖直，轻轻叩击，理齐所有的任务单。写字本要合上，任务单不合上，因为它们两个大小不一、厚薄不一，这些都要跟一年级小朋友讲清楚。

（3）先交的小组放在下面，其他组依次叠上去，一组一组码整齐。生字本要一组顺着放、一组倒着放，一顺一倒，不容易滑落。任务单可以堆成两堆，以免垮塌。

第三，作业清查表。

我做了一份"作业清查表"，一张 A4 纸上，分两栏，全班 53 个孩子按"学号＋姓名"有序排列。

作业本、任务单的封面上写"学号"，作业合格了，马上在"作业清查表"找到对应的学号，打√。有错的、订正后交上来的，打△。未到校的孩子就空着，返校完成作业后打○。这些活儿都可以由小组长完成。如此，避免了在教室里声嘶力竭地喊："谁还没有交作业？谁还没有订正呀？"

【管建刚】

一年级小朋友交作业、一年级小组长收作业，都有那么细致的活儿。"细节决定成败"，用在一年级老师身上太合适了。

第十八章　学订正

有作业就有订正。一年级作业订正要提哪些要求？一年级老师批改作业要注意什么？怎么批改一年级小朋友才看得懂？一年级的作业要怎么讲评？一年级怎么讲错题小朋友才会订正？一年级小朋友怎样才明白答案都藏在"读"里？本章告诉你。

一年级有哪些订正要求？

【管建刚】

一年级新生不知道作业要订正，甚至不知道什么叫"对"，什么叫"错"。一年级作业订正也要好好教。

【邹思怡】

是的，管老师。

1. 哪些地方要订正？

一年级小朋友的作业正确，每一题的每一个小题上都要画"√"；如果出现错误，就在错误答案下面画"○"。出现"○"的地方，就是要订正的地方。一定要让每一个小朋友都清楚认识这一点。

2. 错题怎么订正？

我们规定：擦掉错的答案，在原处订正1遍、读2遍。错一遍后订正一遍，脑子里有可能留下先入为主的"错"，所以一定要读2遍。一学期后，小朋友的控笔能力加强了，可调整订正遍数和格式：格式改为画横线订正，词语订正2遍、读1遍，其余题目订正1遍、读2遍。

3. 订正有什么要求？

（1）规范书写。作业本上的字要一笔一画、工工整整，订正更要如此，因为这是在纠正自己的错误，容不得半点马虎。

（2）独立订正。订正作业时，小朋友会去"瞟"邻居的作业。所以，一年级作业订正要在老师眼皮底下独立订正，培养小朋友独立订正的习惯。

4. 订正有什么注意事项？

一部分学生能一次订正过关，一部分学生还要第二次订正。第二次要订正的小朋友往往不知道自己哪里错了，所以第二次订正一般要面批。面批过关后，在"作业情况记录表"上做好记录。课堂作业全对或有进步，颁发Q币奖励。订正作业书写规范、独立思考、一次订正过关，也可以得到大拇指印章。

一年级新生像刚学走路的孩子，磕磕碰碰是常有的事，我们老师要告诉小朋友这个是什么，我们该怎么做。

一年级的作业怎么批改？

【管建刚】

批一年级的作业简单吧？如果只是打"√"或打"×"，的确简单，但作业批到一年级小朋友盼发作业本，那可就不简单了。

【习雅丽】

A同学任务单全对，得"优秀"；B同学错了一个，但书写工整，也得"优秀"；C同学错几个，但进步很大，也得"优秀"。这样一来，学生不明白"优秀"的具体标准。标准不清楚，学生怎么努力？怎样批改，一年级小朋友一看便知道好在哪里？

批改抄写本，学生个别字写得好时，我会在旁边画个★，学生就特别兴奋，并且会仔细观察得"★"的字。于是我想到了，取消"优""良""加油"，而是改为每道题加"★"。每道题都有机会得"★"，得了★就能得到Q币，学生们顿时两眼放光，精神抖擞。

具体规则如下：

1. 书写整洁。

整洁，包括工整和洁净。书写要工整，横平竖直，能有笔锋更好。洁净，主要是不涂不改，任务单上不乱涂乱画，不随意擦拭，即便擦拭也不能有明显痕迹。

2. 书写规范。

如，一年级开学初的新生常规训练里，规定了画直线和填序号的标准：画线时，尺子放在下面，左手按尺子中间，右手连线，一气呵成。序号，是数字外面加○，不能只写数字。

3. 答题完整。

这里的"完整"指整个答题过程的"完整"，包括答题前的审题、答题中的认真、答题后的检查。因为任务单基本都在课上完成，所以可以直接在巡视过程中给★。答题前的审题，要求在题目上留痕迹。如填序号，是否做到填完一个，划掉一个。

此后，我批改任务单，目标明确了。生字书写整洁，得★；画线序号规范，得★；答题步骤完整，得★。

4. 叠加得星。

同一题目做到上述三点，可以获得三颗星。为了激励学生的书写整洁度，我又推出：每个字都有加★的机会，写得好看的一个字，也可以得★。此规一出，学生的写字态度完全不一样了。

现在，每次发任务单总能听到孩子们数★的声音，有激动，有自信，有较劲……这美妙的声音源自那一颗颗★，源自老师看见、看清孩子具体的作业表现。

【管建刚】

一年级小不点的作业要这么批改啊，听说习老师在批改上也栽过跟头。

【习雅丽】

是的。以前我犯过三个错误。

1. 批改打钩太随意。

判断题的打钩，一位学生的"√"像条直线，提醒他写规范，左边短右边长，不能笔直一条线。他脱口而出："老师，你打的钩就是这样的呀！"我一瞧自己平时打的钩，果然如此。

2. 示范订正太随意。

一年级习课堂配有拼音格印章。学生拼音题做错了，我会盖上一个拼音格印章，学生订正很方便。进入课文和识字单元了，学生订正错字，我图省

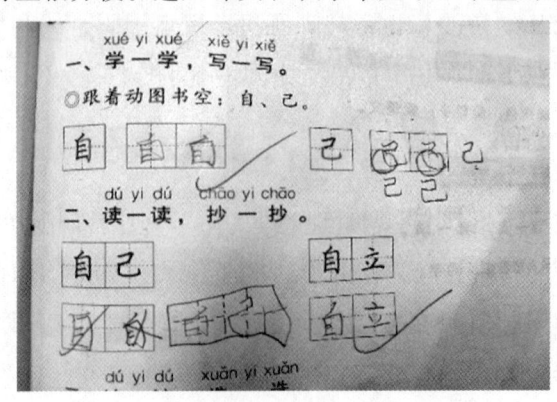

事，没盖田字格的印章，随手画一个粗糙的田字格。渐渐地，学生订正的生字居然也像我一样偷懒了，字也潦草了。

3. 打星盖章太随意。

一年级的作业批改，我会给每一小题加★，集齐五★加盖表扬印章。这本来是一种正面引导。可有时候图快，没用尺子连线但正确的给了★，书写不规范的也给了★，有时集齐五★的忘记盖印章了，没集齐五★的反而盖了印章……学生一下子糊涂了。

一段时间，学生打钩越来越不规范，订正的字越来越敷衍，答题步骤偷工减料。怎么办？不用苦口婆心地教育，而是从自己的"示范"上改——

（1）打钩：一笔一划。

一个"√"，左边短右边长，左边低右边高，分两笔完成。不再一大题一大钩，而是一小题一小钩。题目小，钩就小；题目大，钩也大。无论大小，钩的形状都是如此。于是，孩子们的钩也渐渐规范了。

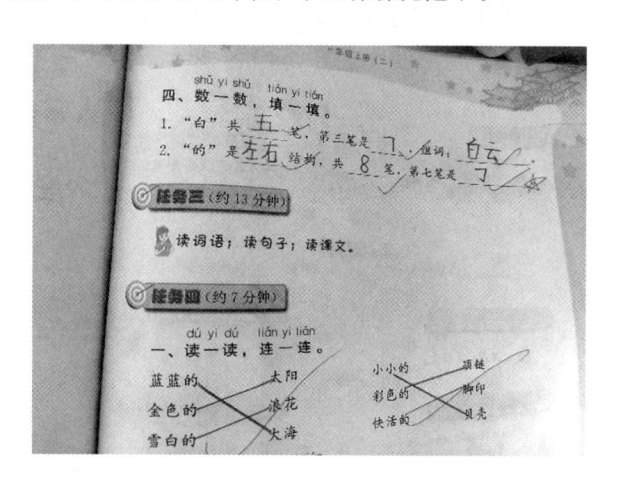

（2）订正：当堂示范。

学生生字写错了，没有田字格印章，我拿起尺子，教孩子画田字格，长两厘米宽两厘米，中间一厘米画虚线，方方正正画好田字格。示范完了，学生自己画格订正。也有学生看到我之前印拼音格的章，想到买一个田字格印章，订正前先盖上田字格再下笔订正。

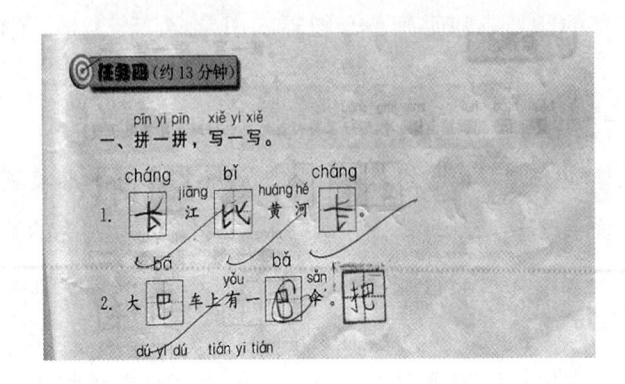

(3) 盖章：你行我也行。

全部答对、书写工整、步骤完整的作业，盖激励章。书写工整以及答题有进步的学生，也盖上激励印章并投影展示。只要有看得见的进步，我就盖激励印章。学生知道了方向，得印章的人越来越多。

【管建刚】

教育无大事。一线老师干好了"批作业"等小事，教学做好了，教育也就做好了。

一年级作业讲评几步走?

【管建刚】

习课堂要求每天一节 15 分钟的作业讲评和订正课,实现"教—写—评"一致性,也走好有效作业的"最后一公里"。一年级迫切需要作业讲评和订正课,因为小朋友根本不知道怎么去订正。

【张小玲】

一年级的任务单讲评我有四个环节——

第一环节:表扬。

在颁奖典礼音乐和全班同学的掌声中,请书写整齐美观者、全部正确者和进步者上台拍照,分别奖励 5Q 币、3Q 币和 2Q 币。

第二个环节:示范。

1. 老师示范。PPT 出示任务单,老师示范怎样画直线,不多连、不少连;圆圈跟字一样大小,数字写在圆圈里略小,不碰壁;"√"和"×"写在括号中间,不能出括号,跟题目中的"√""×"符号一样大小。

2. 同伴示范。PPT 出示学生的优秀作业,指出优秀在哪里,连线题、序号题、判断题好在哪里。PPT 出示进步生以前的作业和现在的作业，对比出看得见的进步。

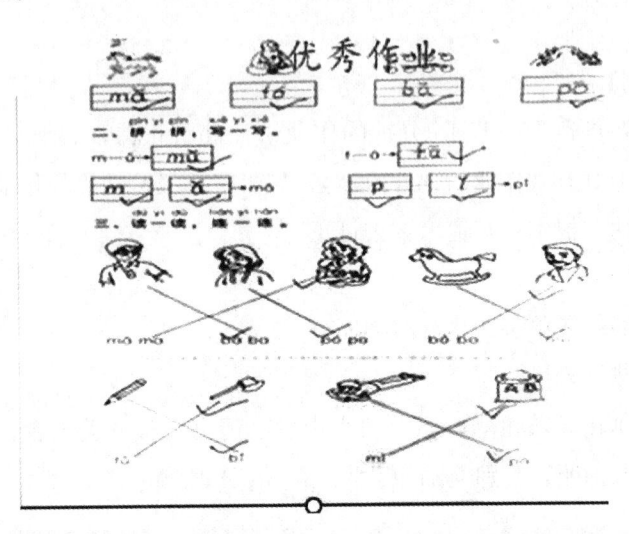

第三个环节：讲评

一年级任务单讲什么？跟高年级一样，讲思路、讲方法、讲步骤，但不讲答案。一年级也能吗？能。

比如——

一上拼音3《b p m f》一课第二课时，任务四第三大题"读一读，连一连"，要将上一行的图片与下一行的音节词连在一起。一部分学生分不清"爸爸"和"伯伯"、"妈妈"和"婆婆"。我告诉学生，爸爸的哥哥叫伯伯，所以伯伯的年龄比爸爸大，图中有胡须的是伯伯。婆婆的年龄比妈妈的年龄要大，观察图片，留有时尚披肩卷发，怀里抱着小孩的是妈妈，而额头、眼角、嘴角画了好多曲线代表皱纹的，是奶奶。

又如——

一上拼音5《g k h》一课第一课时，任务四第二大题"选一选，写一写"，要根据图片选择音节。从图片很容易看出画了什么，而音节要慢慢拼读。我这样"讲步骤"：一看图，了解图片的意思，做到心中有数；二拼读，按照答案顺序拼读音节，连拼三遍后找对应的图片；三拼写，把音节写入图片下的四线三格中,并将这个音节从选项中划去。然后继续下面的拼读。

再如——

一上拼音5《g k h》一课第一课时,任务四第三大题"拼一拼,连一连",要将左边的音节词和右边的图片连在一起。方法还是"一看图二拼读"。不同的是,图片上是"鸽子""鸭子""兄妹两人",而音节中并没有"gē zi""yā zi""xiōng mèi",只有"gē ge""gū gū""gā gā",我告诉学生,前两个要根据动物发出的叫声来判断,第三个要跟人物的关系来判断。

第四个环节:订正。

订正有流程。

一看。看对错,时间1分30秒。答对的题老师打了"√",答错的题老师打了"?"。用橡皮擦掉错题,擦干净后文具归位,不更正。

二画。画横线,时间1分30秒。错题旁边画一条横线,哪里错了,旁边空白处画一条线,跟题目上的线一样长。

三读。拼音单元,读字母及笔顺、读音节、音节词、读儿歌。课文单元,读生字、读词语、读句子、读课文。时间3~5分钟左右。

四订正。我要求订正2遍。一遍写在原题横线上,一遍写在画的横线上。时间4~6分钟。计时订正,老师巡视全班,辅导后进生。全部正确的读记任务单,个别"小老师"协助老师一起辅导错题多的学生。

五记。错题少的订正结束后,举起左手,独自或同桌间读记任务单,内化知识。

时间到,收起有订正的任务单,二次批阅。订正还有错的学生要单独辅导。

一个月下来,学生的任务单书写质量明显提高,正确率稳步上升。我的工作也越来越轻松了。

一年级的错题该怎么讲?

【管建刚】

一年级任务单上的题目很简单。要把简单的题目讲到一年级小朋友都清楚、明白,这一点也不简单。

【张 怡】

管老师,以前我认为一年级的作业如此简单,有什么好讲评的?用了习课堂才发现,一年级的作业讲评是如此重要。一年级的作业讲评,与其说是讲评不如说是示范,示范做题的方法,示范检查的方法。

下面按一年级任务单上的常见的题型,一题一题讲我如何讲评的。

1. "拼一拼,连一连"。

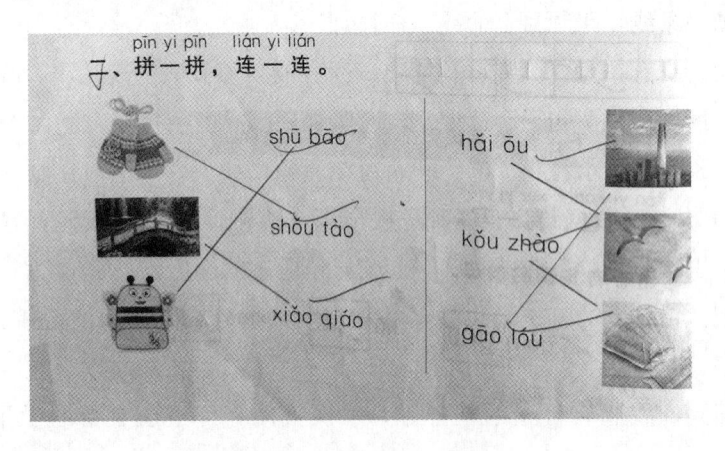

这类题要求学生把音节词和对应的图片连起来。

一年级小朋友很容易被图片吸引,先看图片再找相应的音节词。看第一张图片,要把所有的音节词拼一遍;看第二张图片,要把剩下的音节词再拼一遍,所以答题速度非常慢。

任务单讲评时,我告诉学生正确的方法:先拼音节再找图片。

PPT出示题目,请学生跟着我一起做。做题前,我喊"先拼音节",学生喊"再找图片",再次巩固做题的方法,小朋友拼一个,我连一个。师生合作答题的过程中,学生感受到了正确的做题方法所带来的效率。做完后,我看到好多小朋友心领神会地点了点头。

我又告诉学生,答题还有重要的一步:检查。

怎么检查?一年级小朋友不知道。我告诉学生,检查就是把这道题重新再做一遍,一个一个音节在心里重新拼一遍,如果两次拼出来的音节词是一样的,跟图片内容也一样,这道题就做对了;反之就错了。我投影示范"检查",一边指音节一边拼,拼完我的手指顺着连的线指到对应的图片,问大家是否正确,小朋友说"正确"后,我再指到下个音节。这样,学生"看见"了老师是如何检查作业的。

2. "选一选,写一写"。

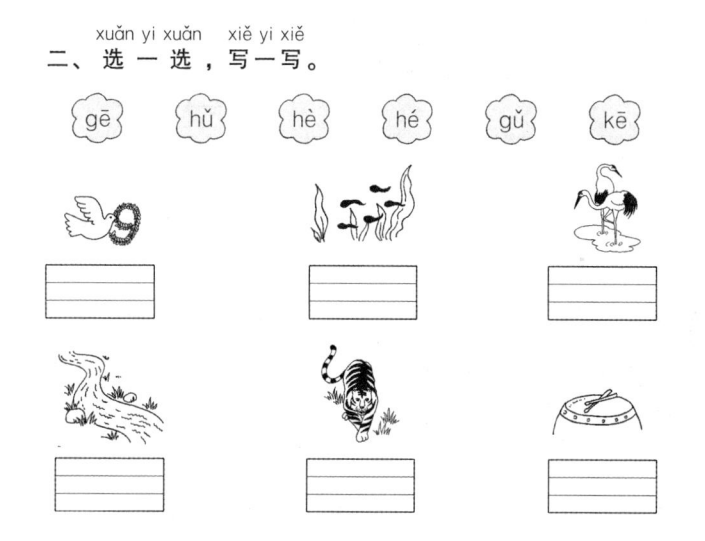

xuǎn yi xuǎn　xiě yi xiě
二、选 一 选 , 写 一 写 。

gē　hǔ　hè　hé　gǔ　kē

这需要小朋友在很多音节里,找到图片对应的音节并写下来。相比"读一读,连一连",难度加大了。如果学生按照图片的顺序去找音节,容易手忙脚乱,哪几个写了,哪几个没写,到后来自己也搞不清楚了。

那该怎么做呢?

以一上拼音5《g k h》第一课时任务四的第二大题为例,我告诉学生,凡是有音节和图片的题目,都是"先拼音节再找图片"。然后我带着学生一起做一遍。先拼第一个音节,学生拼完"gē",我就把"gē"的音节写在了第一张图片下，写后拿起尺子把音节"gē"划去，代表这个音节已经用过了。拼完第一个音节，再拼第二个音节"hǔ"，拼完音节找到对应的图片，把它写在图片下，写后拿起尺子把音节"hǔ"划去……我告诉学生分四步：一拼音节，二找图片，三抄音节，四划音节。有了答题步骤，学生不再慌乱，做得又好又快了。

这类题怎么检查？第一步，指着拼音再次拼读，看音节词和图片是否一致；第二步，对照自己写的音节词和所给的音节词，看声调有没有加，写得是否正确；第三步，边看图片，边把音节词读一读，复习与巩固。我同样示范给学生看，"示范"是一年级最经常、最重要、最有效的教学方式。

3. "拼一拼，写一写"。

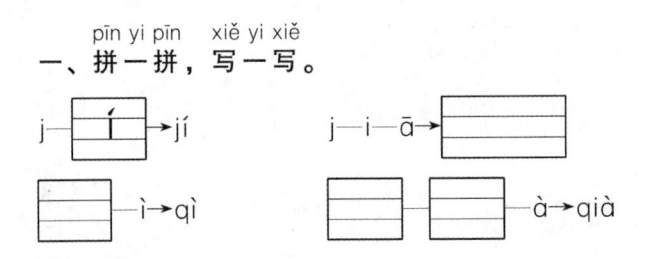

pīn yi pīn　xiě yi xiě
一、拼一拼，写一写。

j—í→jí　　　　j—i—ā→

—ì→qì　　　　　　—à→qià

这类题分为"基础版"和"升级版"。"基础版"是给出一个声母和韵母，让学生写出组成的音节。"升级版"是根据音节和声母，写出缺的韵母或介母。"基础版"的题目，审题上没什么问题，学生都知道声母和韵母后面是写一个完整的音节。

一年级小朋友第一次接触"升级版"的题目，我们要注意。第一次做"升级版"题目是在一上拼音6《j q x》的第一课时里，题目里给了个范例，声母j和音节jí都有了，中间四线三格里写了个í，个别学生就在í的左边加了个j，说明完全没看明白题目的意思，导致后面全是错的。

讲评任务单时我告诉学生，这个已经写好的叫例子，例子就是它怎么写，我们也像它这么写。我问学生："为什么四线三格里写í，而不写其他的呢？"小朋友立刻发现，后面的音节是jí。我再次说道："声母j只有和韵母í一起，才能变成音节jí。"接着，请小朋友看下一道，音节是qì，给出的是ì，那ì的前面填什么呢？学生马上知道是 q。

填的时候还会有个别学生出现问题，明明知道填 q，但写成了 qì，这就需要"检查"了。怎么检查？我告诉学生，手指指着"所填的"和"已经给出"的，拼一拼，看看最终能否拼成"给出的音节"。如果能，代表正确；如果不能，表示错了。

4. "看一看，填一填"。

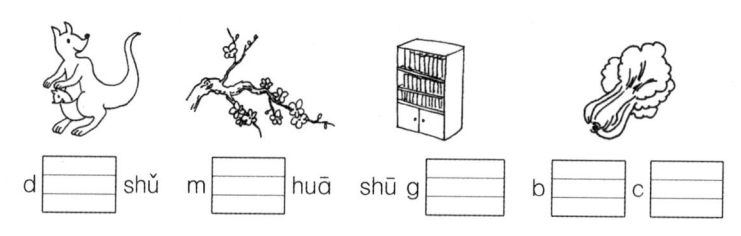

kàn yi kàn　tián yi tián
二、看 一 看，填 一 填。

d □ shǔ　　m □ huā　　shū g □ 　　b □ 　c □

一年级小朋友觉得"看一看，填一填"最难。它需要学生看着图片，根据所给出的声母或韵母，把图片对应的音节词补充完整，尤其是填写复韵母，出现了很多问题：复韵母写错的、声调加错位置的、第二声写成第三声的。要想做好这类题，唯一的办法就是多读多写。我会提前一天把需要填写的音节词完整地写在黑板上，让小朋友抄写在自己本子上，每个音节词写两遍，第一遍抄写、第二遍默写，默不出的时候看一眼，再遮住了写，锻炼学生边抄边记的能力。这样一来，答题难度降低了，大部分同学都能填出几个，但全部正确的依然不多，因为学生不会检查。

我告诉学生这样检查：一边指着加声调的韵母，一边默背标调儿歌，"有 a 在，给 a 戴，a 不在，o、e 戴，i、u 并列标在后"。我以一上拼音10《ai ei ui》第二课时任务四第二大题为例，进行示范。学生写出的音节分别为袋鼠的"dài"、梅花的"méi"、书柜的"guì"、白菜的"bái"和"cài"。我指着"dài"的"a"，小朋友说"有 a 在，给 a 戴"，声调位置对了，再问"dài"是第几声，学生说是第四声，声调也对了，这个音节就检查好了。

这样讲评后，下次再碰到同样的题型，学生的正确率就非常高。

怎样才能"读"出答案？

【管建刚】

任务二、任务四的题目，答案一般藏在任务一、任务三的"读"里。高年级学生很快明白两者的对应关系，可是，怎么让一年级小朋友明白这个关系呢？

【许慧敏】

管老师，一上第一单元的《语文园地一》的任务单讲评，就可以让小朋友明白任务一、任务三的"读"里藏着任务二、任务四的答案。小朋友知道了这个秘密，后面的"读"会越来越专心。

上课前3分钟我走进教室，小朋友拿到任务单，只看不改，只能看自己的，不能看别人的。表扬任务单全对的、有进步的学生后，我主要讲评了这几道题：

第一道：要求在下面的儿歌里圈出数字。

一片两片三四片，五片六片七八片。

九片十片无数片，飞入芦花都不见。

很多学生的"两"没有圈出来，我带着学生把题目读了一遍，再出示任务一的"读"（也就是这首诗），让学生一边读一边用手指比划数字，再让学生自由读并比划数字，最后同桌俩一个读、一个比划数字。如此读了三次，我再出示这道题，问学生知道错哪里了吗？小朋友都说知道了。订正后的复批也都正确了，证实他们真的会了。

第二道：给下面的字加两笔，变成新字。提供的字是：人、口、二。

我带着学生把题目读了一遍，然后说，这道题的答案就在之前任务一的"读"里面。学生们都怀疑地看着我。

我出示了任务一的PPT：

人＋二＝天

口＋十＝田

日＋一＝目

大家一读马上想起来了，真的读过。

"答题前，老师都把答案给你们了，为什么有人错呢？因为你们在读的时候没有做到眼到、口到、心到。读书的时候眼睛看到哪里、嘴巴读到哪里、心想到哪里，这叫集中注意力。"再次读了PPT，我问学生知道答案了吗？学生都说知道了。我把加号前后的字反过来，让学生读"二加人就是天，十加口就是田，一加日就是目"，又有一大半人发出了"哦"的声音，显然读明白了。还有五六个不明白的，我把这道题和这张PPT放在一起，学生一边读一边纷纷举手，"老师老师，我知道了。"

"你们看，任务二的答案是不是在任务一里？所以我们读书专心了，作业就能顺心了。"我们练了新口令"读书专心，作业顺心"。

此后，"读"任务一、任务三，我只要喊"读书专心"，学生立马接"作业顺心"，瞬间有了精气神，因为小朋友明白，老师是在提醒大家"好好读，找答案了"。

第十九章　学预习

一年级上学期预习什么？一年级下学期预习什么？任务单有预习、练习、复习三个功能，一年级如何用任务单来预习？预习要给课文标上自然段，一年级小朋友不知道自然段，怎么办？本章告诉你。

一年级如何学标自然段？

【管建刚】

一年级老师说新生有"三不会"：不会拼，不会认，不会数。习老师，"不会数"是什么意思？

【习雅丽】

"不会数"，指不会数自然段。

经常听同事唠叨：教了那么多次，怎么还是不会数自然段？我也是，明明已经教得很清楚了，为什么学生还不会？

教一年级的第一篇课文《秋天》。我告诉学生，一篇课文会分成几个自然段。怎么辨别自然段？自然段前都会空两格。我又把课文投影出来，用铅笔在段首处画了两个格子，代表空两格，空格里标上了数字"1""2""3"……后面几篇课文我都这样做了示范，带着学生一起数自然段、标上自然段。由于示范出了答案，学生只是抄一抄，基本没有问题。然而，一到学生自己数

习雅丽：一年级数自然段三步操作小视频

自然段，各类奇奇怪怪的答案都出现了：有的把数字写在课题前，有的把数字写在自然段最后面，有的把每一行都标上数字，还有的把句子当成自然段标数字。

为什么会这样？自然段前空两格还不清楚吗？"两格"还不明白吗？与其自己乱想，不如去问学生，结果得到了哭笑不得的答案：原来，一年级小朋友不懂什么叫"空两格"！

一年级小朋友以为，空着的地方都是"空格"。你瞧，每个自然段前有空格，段后也有空格；标点符号后面有空位，课文题目下方也有空位；行与行之间也不是密密挨着的，也有空位。

看来要给学生找一个衡量"空格"的参照物。这个参照物是什么呢？我在办公室里一边想一边做，终于找到了它——一条竖线。以"一条竖线"作为参照物，并根据年段特点，整理出简单的操作三步：

第1步：画，画竖线。找到课文最左边的字，往下画一条长竖线，从课文开始画到结束。

第2步：看，看空格。看竖线的右边，哪里有空格，哪里就是一个自然段。

第3步：写，写数字。找到空格处，标上数字。最后标的数字是几，就说明有几个自然段。

立马试行。

带着学生找到短文最左边的字，然后跟着老师在边上画一条长竖线，竖线右边空两格的，就是一个自然段，标上数字。

没有空着的，由于有竖线挡住，想标数字也没有位置。孩子们很快就找到了最左边的字，竖线画得直，自然段标正确，数自然段也没问题了。

一年级上学期预习什么？

【管建刚】

张老师，一年级上学期预习什么，又该怎么预习？

【张小玲】

第一，预习内容。

主要是读生字、读词组、读课文。

由于预习一般由家长指导孩子，所以老师要教给一年级家长明确的"带读"要求，清晰的"带读"步骤，家长带"歪"了，还不如不带。

第二，预习读课文的步骤。

1. 家长读 1 句，孩子指着字跟读 2 遍。

2. 跟读完一篇课文，孩子自己试读；读错的地方家长示范读 1 遍，孩子读 3 遍。

3. 从头到尾，正确、通顺地读完课文，算预习过关。预习拼音也一样。

家长普通话不标准的，可以用课文朗读音频，老师把链接发送到家长群里。一定要告诉家长，绝不能丢给孩子一个手机完事，一年级要陪着孩子一起读。

第三，预习认读二类字的步骤。

1. 翻到识字表，家长拼读 1 遍，组 1 个词。孩子指着字跟读 2 遍，组 1 个词。

2. 孩子自己组词拼读。有错的地方家长示范 1 遍，孩子拼读 3 遍。

3. 从头到尾，正确、通顺地读完所有词语，算过关。

4. 语文书翻到前面课文部分，读蓝线格里没有注音的二类字，家长随机指字，孩子快速、准确认出，并组 1 个词。

第四，预习书空步骤。

1. 家长带读语文书上的笔顺，孩子书空跟读 2 遍，书空田字格里的生字，再组 2 个会写的词语。

2. 孩子自己书空读。有错的地方家长示范书空读 1 遍，孩子书空读 3 遍。

3. 从头到尾，正确、通顺书空读完所有一类字，算过关。

管老师，以上内容整理自《家常课问诊》，我很后悔没有早早读。

一年级下学期预习什么？

【管建刚】

后悔即反省。错过了一年级上学期，不要紧，下学期可以补上。

【张小玲】

是的，一年级下学期我重视了预习，好处真不少：学生养成了有目的读书的习惯，养成了边读边记的好习惯，确保了 40 分钟当堂完成四个任务，提高了任务单正确率，调动了学生的学习积极性。

一年级下学期预习什么？一是课文，二是思维导图。

关于课文的预习——

1. 标段。即标出课文有几个自然段，用数字标在每一个自然段前，可画圈，也可不画圈，并说明每一个自然段的开头是空两格的。如此一来，学生便会掌握标段落，做阅读题不失分。

2. 数句。即数每一个自然段共几句话，数出来写在每段的后面。需注意带有"！""？""……"等标点的句子都可为一句话。潜移默化中训练学生解决阅读题中的数句子问题。

3. 圈字。即在课文中圈画出一类生字和二类生字。说明一类生字用圆圈，二类生字用方框。如此操作后，学生读课文时遇到圆圈和方框圈住的字会反复读三遍，达到随文识字的目的。

4. 读文。第一遍要求拼读，认识或不认识的字都要拼读。这样既可以帮助学生复习拼音，又可以快速掌握生字词。

如果一年级上学期注意了预习，以上内容也可以在一年级上学期用。

思维导图比较难，所以有了这个预习——

一教。教学生认识思维导图。解释思维导图是对课文知识的概括，能帮助学生理清课文脉络，抓住课文内容。

二找。找关键段，关键句，关键词。

三圈。圈画关键句，关键词，关键字。小三角形、小圆圈、横线或波浪线都可以。

四记。读课文时，将圈画的关键字词反复读记。

如此，一年级的孩子大都能完成思维导图，没什么畏难情绪了。

一年级如何预习任务单？

【管建刚】

预习了任务单，学生上课心中有数，答题不慌。一年级任务单怎么预习？预习什么？

【张　怡】

一年级主要预习任务单上的常见题型。

1. 预习"学一学，写一写"。

每篇课文第一课时、第二课时的第一大题都是"学一学，写一写"。我告诉学生预习时分两步：

（1）照着语文书，书空说笔顺。一年级孩子写字笔顺容易错，课上有"看着动图，书空说笔顺"，但光靠这短短的十几秒，有的学生并不能把笔顺牢记于心。"熟能生巧"，熟练了就不会出错，预习时照着语文书书空说笔顺，课上再说一说，写的时候出错率就会大大降低。

（2）提前写一写生字。大部分学生入学前都学过写字，照着任务单上的字写一写，不成问题。没提前学过写字的，提前"书空"写一两遍，课上写正确就不成问题了。等到课上老师示范写字，学生便可以把注意力从"怎么写"变为"写美观"，看老师如何顿笔、收笔，看每个笔画处在什么位置。

2. 预习"读一读，抄一抄"。

也分两步：

（1）读一读。抄词语要做到边抄边记，会读是记忆的前提，每个词语读一遍，不认识的字可以问同桌，也可以自己翻语文书。

（2）写一写。这些词语，一类是这节课部分生字的词语，另一类是学过的词语，生字在田格本上已经提前写过，学过的字之前也写过几遍，所以只要书空。书空可以节约时间。每个词语书空1遍，不认识的字可以书空2遍。

这两步做到好了，课上的抄写便能心中有底。

3. 预习"拼一拼，写一写"。

这里的词语一般是前面"读一读，抄一抄"里的词语，预习分两步：

（1）拼一拼。拼一拼词语的拼音，为课上的"写"节约时间，特别是那些拼音掌握不很熟练的学生，提前拼读非常有必要，做题时可以把注意力用到写字上。

（2）写一写。拼好拼音后，书空词语，不会的可以看一看前面抄的词语。这样，课上抄词语，学生会更专心，因为他知道这些词语等会儿是要看着拼音写出来的。

4. 预习"读一读，选一选"。

即给课文里"蓝色通道"的字选择正确的读音：

（1）拼读蓝色通道里的字。比如"长"，这样拼读，"ch-áng，长长长"，拼1遍，读3遍，有助于学生记住读音。

（2）选一选。这个"选"是在心里"选"。全部读完后，合上语文书，看看这些字的读音能不能选出来，有不认识的，再次打开语文书找到这个字，记住它的拼音，再合上语文书，看任务单。预习也可以训练学生"边读边记"的能力。

5. 预习"数一数，辩一辩"。

这类题一般都先问总共有几笔，然后第几笔是什么，最后组词或写笔顺。预习分两步：

（1）读题，看清最后一条横线是组词还是写笔顺，如果是组词，提前想好词语，如果是写笔顺，不熟的话可以看着语文书，在田格本上写一写。

（2）答案放进去读题。先打开语文书，边书空边说这个生字的笔顺，再合上，在心里说说横线上的答案，然后放进题目里读一读。

6. 预习"背一背，写一写"。

这类题一般出现在第二课时，考查学生有没有背出课文，字会不会写。做这道题，大脑要同时进行两个任务，一个是背、一个是写。大脑无法同时进行两个任务，除非其中一项已达到了自动化水平。"背"和"写"相比，"背"更容易实现自动化。预习也分两步：

（1）学生指着题目，对照语文书，把题目完整地读一读。

（2）读熟练之后，再把田字格里要填的字，在书上圈出来。读课文时，要关注这些圈出来的字。自由背时间，如有多余的时间也可以用来书空写这些字，到做任务单时就游刃有余了。

【管建刚】

一年级下学期会出现的新题型，怎么带着小朋友预习任务单？

【张怡】

不少一年级小朋友第一次接触新的题型是蒙的。

一出现新的题型，一年级老师就要想办法让小朋友搞懂什么意思，怎么做。

1. 关于选择量词的题目。

《吃水不忘挖井人》第一课时任务四有这样一道题：

选择合适的量词填空（填序号）。

这类题目在我们成人的认知里，是属于"闭着眼睛也会做"的。

预习时，我让学生把每个量词以及题目读一读，遇到不认识的字可以举手问老师，也可以自己翻阅语文书。具体他们能做出几道，我想看看每个人的"造化"。果然，识字量比较大的学生，直接把量词填进括号里读一读。大部分学生一边看着语文书，一边看着任务单，我也不知道他们在看什么。

张雨泽和其他人都不一样，他一边拿着铅笔一边在语文书上圈画着什么，我好奇地走过去一看，发现他在语文书上圈出了这几个字："个""块""口"。原来，一年级孩子已经学会圈画关键词了——

"瑞金城外有个村子叫沙洲坝"，他把"个"圈了出来，因为题目里有"一（　　）村子"；

"毛主席就带领战士和乡亲们挖了一口井"，他把"口"圈了出来，因为题目里有"一（　　）水井"；

"乡亲们在井旁边立了一块石碑"，他把"块"圈出来了，因为题目里有"一（　　）石碑"；

最后一个"一（　　）战士"虽然书上没有，但是用排除法也能一下子找到答案。

大家照着张雨泽的方法去预习，这道题的正确率100%。

2. 关于课文内容概括的题目。

《吃水不忘挖井人》第一课时任务四第三大题：

沙洲坝没有_____，_____带领战士和乡亲们挖了一口井。乡亲们不忘挖井人，在石碑上刻了一句话："吃水不忘挖井人，_____。

第一次碰到这类题，该怎么预习呢？我也懵了。

我把问题抛给了学生："这道题张老师还没有想到该怎么预习，我看看有没有小朋友会预习的？你们试着自己预习一下。"

说实话，我很虚，老师都没想到方法，一年级孩子又怎么会呢？果然，很多学生不知所措地东看看、西看看，不知如何是好。

谢吴笛跟别人不一样，他把语文书放在了左边，任务单放在了右边，看看任务单，再看看语文书，还拿起了铅笔，在语文书上圈画着什么。定睛一看，他在语文书上圈出了这些句子："村子里没有水井""毛主席就带领战士和乡亲们挖了一口井""上面刻着：吃水不忘挖井人，时刻想念毛主席"，看到这些，我很惭愧，原来我觉得无从下手"教"的题目，书上都能找到原句。

原来不仅短语、字词可以在语文书上圈出来,填空式的题目同样可以圈画关键句。

我把吴笛的方法投影给大家看。同时建议:关键词圈出来,关键句用直尺划出来。于是,"圈出关键词、划出关键句"成了我们班预习的一个好习惯。

这道难题,几乎所有学生都答出来了。

3. 关于思维导图的题目。

《我多想去看看》第一次出现了思维导图,高年级学生会在课文里找答案,低年级能看懂吗?我该怎么和他们讲解思维导图呢?我没想好,或者说,我又觉得这样的题目对一年级小朋友来说太难了。

预习时,我随口说了一句"答案都在语文书上"。和往常一样,小朋友预习我巡视,主要看看他们在不在语文书上找答案。

走到肖博文那里时,他拿出了铅笔,一下子圈出了"公路",因为任务单上第一个空就是"沿着宽宽的( )",我问他:"你怎么这么快就把答案找到了?"他指着任务单上说:"我看到这里写了'第 2 节'。"天哪!一年级孩子竟然看题这么仔细,还能想明白"第 2 节"这几个字起什么作用,真了不起!我做的时候还纳闷,为什么思维导图里要特别标明第几小节,原来是这个意思啊!

我把肖博文的发现告诉给大家,"沿着弯弯的小路"下面写着"第 1 节",说明右边的答案都在第 1 自然段,"沿着宽宽的( )"下面写着"第 2 节",说明这一部分的答案都在第 2 自然段,这一讲,学生一下子看明白了思维导图。

走到何峻熙身边,他语文书上有直线、有圆圈,仔细一看,他把任务单上出现的短语或句子用横线画出来,短语或句子中有需要填空的,用圆圈圈出来,"划出关键句"和"圈出关键词"完美结合。

陶行知说"人人都说小孩小,小孩人小心不小,你若以为小孩小,你比小孩还要小",管老师,现在我真的懂了这句话。

【管建刚】

张怡老师有一个难得的品质：不耻下问。她总虚心地向自己的学生——一年级小朋友学习。

一年级如何用预习小老师?

【管建刚】

一年级小朋友来不及完成任务二、任务四,相当一部分原因是读不懂题目的意思。怎么办?

【武家欣】

一年级下学期,不再由老师带读题目了。每节课下来,总有几个读题目困难的同学完不成任务单,他们读不懂题目的意思。我巡视时可以单独指导,但不会读题目的同学不止一个,老师指导不过来。

于是我想找一个课前预习小老师,带领全班同学读任务单上的题目。

我选了一个做题正确率高,在笔顺题和填序号题型中圈画关键词、留下做题痕迹的学生,他会在带读题目的过程中,把自己的答题思路传递给伙伴们。

我们老师一般都提前5分钟进教室候课,这个时候预习小老师就位,带大家预习读任务单上的题目。领读的顺序是读大题、读小题、读提示、读例子,还有问答读。

以"想一想,写一写"为例——

     xiǎng yi xiǎng xiě yi xiě
三、 想 一 想 , 写 一 写。
加偏旁组新字,再组词。

工 □ (　　　) 云 □ (　　　)

子 □ (　　　) 月 □ (　　　)

很多小朋友不清楚题目里藏着的信息,如横线上填什么?括号里填什么?这些信息题目没有明确写出来,是隐藏的。"问答读"可以帮小朋友清除这些潜在的障碍,小老师这样领读:

小老师（根据题型发出指令）	同学（口令配合动作指读）
请你指到第三大题	我就指到第三大题
齐读大题	想一想，写一写
齐读提示	加偏旁组新字，再组词
跟我读。"工"字加偏旁组新字再组词；"云"字加偏旁组新字再组词……依次带读。	依次跟读。
问答读：想一想，说一说，田字格里填什么？括号里面填什么？	田字格里填新字，括号里面填组词。

　　小老师领读题目，大老师巡视、盖章，给小老师的领读保驾护航。

　　课前预习读任务单一周，读题困难户越来越少了，限时完成任务二、任务四，提前完成的、全对的小朋友也一次比一次多。

第二十章 学理解

一年级老师怎样能让小朋友听话？一年级老师如何发现小朋友反常背后的原因？一年级老师最需要修炼的基本能力是什么？一年级老师又该如何修炼自己的情绪自控力？本章告诉你。

一年级孩子为什么不听话？

【管建刚】

一年级小朋友经常自说自话，老师的话像耳旁风，你说你的，他做他的。为什么？

【张怡】

管老师，我给您讲三个小故事，也许里面有答案。

1. 为什么他写字总是擦擦擦？

每次看到小沈写习字册，我心里就一团火，因为他一直擦来擦去，写得不好，擦很正常，但是，有的字写得很好了，他还要擦。真不知道他的小脑袋瓜怎么想的！

遇到笔画多的字，还没开始写，就说自己不会写，要我教。一开始，每次他举手，我就过去教，次数多了，我也不耐烦了。让他写给我看，一看，我说："你写得很好了，不用张老师教了。"没过一会儿，我听到了跺脚的声音，转过身一看，小沈面红耳赤，愤怒地看着习字册，他又开始擦了写，写了擦，眼里闪着泪花。我走过去告诉他："不要急，越着急越写不好。"临近下课，其他学生都已经完成了，而他只写了几个字，听到下课铃声的一刹那，他哇哇大哭起来。

我把他叫到身旁，问："张老师说你的字很好，不用擦来擦去，你为什么还要继续擦?"他一边哭一边告诉我："妈妈要让我写得和习字册上的字一模一样。"我顿时明白了他为什么一直要让我手把手教，也明白了他为什么一直擦来擦去。小沈理解错了妈妈的话。妈妈的意思是要好好写字、认真写字、把字写好。然而有的孩子秉性耿直，他听到什么就按听到的去做，而无法理解这个话的背后的要求。我笑了笑，告诉他："妈妈的这个要求，张老师都做不到。因为世界上没有两个一模一样的人，所以写出来的字也不可能一模一样，只能说我们努力做到和他写得相似，你说是不是?"他抽噎着点了点头。我摸着他的头，说："你的字虽然不是跟习字册上一模一样，但已经很漂亮了，以后不要一直擦来擦去了好吗?"他再次点了点头。

后来写字时，再也看不到小沈高高举起的小手了，每次朝他那边望去，看到的是一个情绪稳定、认真书写的小沈，字越写越漂亮，速度越来越快。

2. 为什么他不读题就写答案?

小罗学什么都比别人慢几拍。限时读书，大家都能读1～2遍，他一遍都读不完。任务单上的选择题、排序题、填空题，他不会，急得跺脚，抓耳挠腮，然后随便填，填满结束。

一开始，我以为是他不认识字。有一次，让他坐在我边上订正，听他读题目，没想到所有的字都认识。读完后，让他选答案，也都对了。我问："为什么课上不读题目呢?你看，读了题目不都会做了吗?"他用不是很标准的普通话答我："读了题目我就做不完了。"一个你永远想不到的、让人啼笑皆非的回答，但在儿童那里却是真实的存在。很多时候，儿童学习生活中的一个难以逾越的"坎"，是我们成人打破脑袋也想不到的，只有弯下腰来问孩子。

我再次向他确认："你就是为了做完，所以瞎写?"他眨巴着他的那双大眼睛，真诚地向我点了点头。我笑了："课上没写完没关系，张老师不会因为没写完批评你，现在你这样瞎做、瞎写，老师很不喜欢，你一道一道慢慢读、慢慢做，做到哪里是哪里，这样的小罗老师才喜欢，知道吗?"他点了点头，

"如果有没做完的,你下课可以到我这里来补,前提是,张老师要看到你是读了题目再做题,可以吗?"他努力点了点头。

每次看到小罗在认真读题,我就表扬"小罗虽然做得慢,但这是有质量的慢,因为小罗学会了读题,而且是一个字一个字指着在认真读,为他点赞!"在这样的表扬声中,小罗不会因为自己的慢而不好意思,不会因此心情烦躁,反而很开心,因为这样的"慢"得到了老师的夸奖和认可,因为这样的"慢",小罗的正确率越来越高了,小罗越来越自信了。

3. 为什么孩子订正错了发脾气?

小张比较内向,很少跟老师说话。一次订正词语,他订正了两遍居然都是错的,我说了句:"请你看着语文书重新订正一下。"话音刚落,我还没把本子还给他,他就拿着自己的本子怒气冲冲地往座位上跑去。坐下后,又是扔本子,又是踢凳子,在座位上哇哇大叫,眼里噙满了泪水。我立刻把他重新叫了上来。

我让他在我边上站了几秒钟,平复一下自己的情绪,然后问:"现在你能听张老师说几句吗?"他抽噎着点了点头。"为什么发那么大的脾气?"他不说话。"是因为自己订正了两遍都是错的吗?"他点了点头,泪水止不住往下流。"那你是在生自己的气吗?气自己为什么订正了两遍都是错的,是吗?"他再次点了点头。那一刻我为小张深深地感动。他不是在生老师的气,而是在生自己的气,为什么自己订正两遍了还出错?!多好的孩子呀。如果我们在这一刻冤枉了这个孩子,那将是多么可怕的事啊。

"生气能解决问题吗?"他摇了摇头。"对啊,你生气解决不了问题,最重要的是要解决问题。你想想看,为什么自己订正两遍都错?你有没有翻语文书订正呢?"他拼命摇头,"对啊,我们找到原因了,改正不就行了,等会儿下去订正看一下语文书,不就好了吗?"这时候他的眼睛开始看着我了,眼神不再是那么怒气冲冲,而是变温和了。

之后,一个很神奇的现象出现了,小张的学习更认真了,不管是习字册上的字还是任务单上的字,都写得很漂亮。我投影展示了他的习字册和任务单,小张的眼里充满自豪。再有订正错的时候,他也能心平气和地接受自己的错误。

【管建刚】

我明白了，一年级老师要多蹲下身去询问孩子，而不是用成人的想当然去猜测和评判。

一年级孩子为什么会反常？

【管建刚】

一年级小朋友也有反常行为，反常的背后是什么？

【张　怡】

反常的背后是小朋友有了心事。

1. 原来是姥姥要动手术。

小顾爱动，课上我用眼神、手势去提醒他。一提醒，他便立马改正。今天有点反常，我用动作示意他"双手放平"，他一点也没领会，直到我走到他身边，才能坐好。

下课后，我把他叫到身边："小顾，今天课上怎么啦？有什么事吗？""因为我不开心。"他马上回答，似乎老早准备好了答案。"为什么不开心？"他先说周末妈妈拉着他看了好多戏，太无聊了，又说宠爱他的姥姥生病了，今天要做手术。我顿时明白了他一系列反常行为的原因。"你今天课上的这些举动都是因为不开心，是吗？"他拼命地点了点头，还说了句让我哭笑不得的话："我想告诉老师我不开心。"

"你想用这些行为吸引张老师，让我下课来找你是吗？"他再次拼命点头。我笑笑说："有什么不开心的事情下课可以给我讲，张老师很愿意听，但不应该用这样的方式，对不对？"他不好意思地点了点头。

2. 原来是妈妈布置了太多的家庭作业。

小张最近不对劲，上课懒懒散散，时而发呆，时而做小动作，交作业时嘴里总絮絮叨叨的，一下课他便往外冲。如果老师拖课，他会站起来看向窗外。课上，打开语文书，打开任务单，每个动作都跟慢动作回放似的，写任务单时半个屁股在凳子上，两条腿伸到了凳子的后方。写着写着，整个人又站了起来。最近我们学了一个新游戏，全班都玩得很开心，只有他在做游戏的时候蹲在地上，喊着"我不想做，我不想做"。这些行为上学期从来没出现过。

大课间我找到他,问:"小张,最近是有什么事情吗?张老师怎么感觉你像换了一个人似的?"他摇了摇头,这个问题对一年级孩子来说有点难回答,因为指向性不明确。我再问:"那家里面有没有什么事情?"这一问,问到他心坎里了,他立刻轻轻地说:"妈妈每天都要让我做很多作业,语文、数学、英语都有。""是什么作业呢?""五三天天练、亮点、默写能手……"我简直惊呆了!一个一年级孩子竟然已经开始做这些了,我很同情眼前的男孩。"那是每天都要做吗?""跟着学校里的内容来,上新课就要有作业。周末也没得玩,一直在上课,周六阅读课,周日要上写字和画画。"

当晚我跟他妈妈沟通,我明确:就语文而言,一年级不需要额外的笔头作业。第二天,他的状态明显好转了。

3. 原来是太想得到老师的关注。

前几天回看自己用手机录的视频课:其他学生跟着我书空,昊辰却在做鬼脸;读课文,没读几句话他就停了,看到旁边同学翻到后面,他才翻到后面;课中游戏别人都很开心,而他站着一动都不动。

下课我找他:"昊辰,张老师昨天看了一下我们的视频课,发现你一直在动来动去,有时候还在做鬼脸。"我拿起手机,给他看了课上的行为,他的脸红了。"张老师看了都有点不敢相信,平常昊辰不是这样上课的呀。"他不说话,我再问:"是觉得上课无聊吗?"他摇了摇头,"那是不会读吗?"他又摇了摇头,"那是因为张老师的手机放在你前面拍摄,太兴奋,所以才做鬼脸吗?"他立刻不好意思地点了点头。

"张老师走到你身边,你读得很认真,为什么我走开了,你就不读了呢?"他两只小眼睛可怜巴巴地看着我,我联想到了他上课跟着同桌往后翻页的行为,问道:"是不是因为同桌读得很流利,你很羡慕,也想像她一样,但是又跟不上她的速度,所以读着读着就放弃了?"此时的昊辰眼睛有点湿润了。每个孩子都不想承认自己比别人差,但是有时候又不得不承认自己不如别人。我对昊辰说:"我们不用去和黄藜筱比,你只需要按照自己的节奏去读,你就是最棒的。"

之后的昊辰就像换了个人,虽然读得慢,但是没有停止过他的朗读。

【管建刚】

一年级的孩子不知道如何表达情绪,也不知道如何跟老师沟通。看见小朋友的反常行为,温和的询问和耐心的倾听是最有效的解决方式。

怎么说话一年级孩子才听？

【管建刚】

一年级老师常有情绪崩溃之感，因为跟小魔兽们沟通太累了。

【张　怡】

管老师，我越来越认识到，"情绪自控力"是一年级老师的第一能力。我们教育孩子，学生一句都没听进去，因为我们在带着情绪讲，而孩子能感受到我们的情绪。

1. 这样说，他不再满地找牙。

中午，全班同学都在教室里安静地就餐，突然，一个声音响了起来："老师，我的牙齿掉了。"又是小何同学。我走到他旁边，轻声说："没关系的，这说明你要长新牙齿了，拿餐巾纸包一下，等吃完饭把牙齿放在书包里。"他点了点头。

中午我在教室里批作业，小朋友们在全神贯注地看英语电影，一个刺耳的声音响起："我的牙齿呢？我的牙齿跑哪里去了？"我立马朝小何的座位上望去，没人。"我的牙齿跑哪里去了？"声音越来越响，还嚎啕大哭了起来，循声望去，小何已经爬到了第一排同学的脚边。此时所有的学生都看着他，教室里开始躁动起来。

我心中的怒火顿时涌了上来，大声喊："何峻熙，请你回位子上！"他朝我看了一眼，继续在那边喊边爬，满教室找他的牙。我提高分贝喊："何峻熙！"他又朝我看了一眼，继续满地找牙。很多时候，看见学生的不良行为，我们第一反应就是让他按我们认为正确的去做，而忽略了学生的感受。比纠正行为更重要的是倾听学生当下的心声，了解他为什么要这样做。我发现了自己的情绪，边挥手边心平气和地说："来，走过来。"

小何慢慢从地上爬了起来，走到我身边。

我问小何发生了什么事。他一边哭一边断断续续地说着。我两手摸着他的脸蛋，用温和而坚定的眼神看着他，说道："何峻熙，你这样一边哭一边说话,张老师完全听不清你在说什么?你平复一下心情,把眼泪擦干,再告诉张老师发生什么事了,好吗?"

他立刻拼命地擦拭着眼泪,哭声逐渐变小了,"我的牙齿拿在手里,被范宇佳一碰,不知道跑哪里去了?"我再次轻声地问道:"范宇佳是故意的吗?"他摇摇头说:"不是。我把牙齿拿在手里,范宇佳不小心碰到我的手,我的牙齿就没了。""之前张老师是不是让你把牙齿包在餐巾纸里,然后放在书包里?可是你没这样做是吗?"他露出了不好意思的神情,此时,他的情绪逐渐平复下来,我再给他指出刚才行为的不妥,他也欣然接受了。

  2. 这样说,他穿好了衣服。

一天,我照常带学生出校门,走到半路的时候,突然有一个扛着"大包小包"的身影,慌慌张张地来到了队伍边上,我抬头一看,是小何。他气喘吁吁地跑过来,一手拎着书包,一手拎着美术包,美术包直接拖在地上,脖子上挂了一个水杯,肩膀上"挂"着一件外套。

我提高嗓音说道:"何峻熙,请你把衣服穿好。背好书包再出来。"他一边瞪大眼睛看着我一边慢慢在队伍中移动,我再喊:"何俊熙,不可以!请你回到教室穿好衣服。"哪知他立刻哇哇大哭。有时候虽然我们没有直接吼骂学生,但是我们的"高分贝"已经传递了我们的不满情绪,这样的情绪大部分学生都能在第一时间感受到。我意识到自己做法的不妥。于是,我快速走到他身边,弯腰,凑到他耳边轻轻地说:"要么你先回教室,等放学后,我再帮你把衣服穿好,可以吗?"他只是站在原地大哭。

放学后,我跑到他身边。牵着他的手,来到了教室走廊上,他没有抗拒,只是哭。给他穿上外套后,我心平气和地说:"何峻熙,知道张老师为什么一定要你把衣服穿好吗?"他委屈地摇了摇头,我说道:"第一,不穿外套容易感冒着凉;第二,校门外有那么多叔叔阿姨爷爷奶奶,看着你把衣服披在身上走出去,你觉得好看吗?"此时他情绪已经平复了些,他摇了摇头。我再让他把书包背上,水杯斜挎在腰间,夸奖道:"你看,这样的何峻熙多帅,这才是一年级小学生的模样。张老师希望每次放学,都能看到你这样穿好衣服,背好书包,可以吗?"他用力地点了点头。接下去几天,放学时,我尤其关注小何的穿着，衣服没穿好，我就提醒他穿好，拉链没拉好，我就提醒他拉好。

有一天放学，小何自豪地站在我面前，说："张老师你看，今天我衣服穿好了，书包也背好了。"我笑着给他竖起了一个大拇指，他一本正经地说："那得谢谢张老师，每次都提醒我，现在我终于不用你提醒了。"当你真心实意想要让学生变好，用你的话语、用你的行为告诉学生该怎么做，总有一天，学生会变成你希望看到的样子。当然，你不能期望是"第二天"。

3. 这样说，他接受了惩罚。

一个阳光明媚的一天，大课间结束，学生们都在外面玩耍，我在教室里批作业，突然听到外面传来嚎啕大哭的声音，嘴里还喊着："我不要！我不要！"走出去一看，又是小何。站在他身边的还有学校领导，紧皱着眉头，拉着他的衣服，怒气冲冲地吼道："你给我在这站着。"

我尴尬地走了过去。其他学生看到我，七嘴八舌地说了起来："何峻熙从这个地方翻过去，让他在这边站着，他还不肯。""是的，他还发脾气。""潘奕帆他们也被抓住了，也在这儿站着。"……当时的我恨不得找个洞钻下去，但身为班主任的我必须去处理。我尴尬地朝领导笑了笑，把何俊熙拉进了教室，这样，我们可以有一个安静的交流空间。在走廊上，其他学生你一句、我一句，只会让他心里越来越难受，情绪越来越激动，这样的状态完全没办法交流。

来到教室，我温和地问："何峻熙，你能告诉张老师发生什么事情了吗？为什么在外面大喊大叫？"我这么一问，他哭得更厉害了，我再次抚摸着他的肩膀，温柔地说道："何峻熙，你平复一下心情，张老师只有知道发生了什么事，才能帮助你对吗？"他还是没有说话，于是我再问："是不是你从走廊那个过道翻过去，然后被校领导看到了，让你站在那儿监督其他小朋友，你不肯，是吗？"他抽噎着，点了点头。我再次说道："那你觉得你的这个行为对不对？"他摇了摇头，"老师也提醒过你们很多次了，这个过道的凳子是用来给小朋友们休息的，不是用来翻来翻去的，万一你从上面翻过去，摔了一跤怎么办？"此时他的情绪渐渐平复了下来，可怜巴巴地看着我，我拉着他的两只手说："张老师知道你这次肯定是不小心忘记了，是不是？"他拼命地点了点头,"但是每个人都要对自己做的事情负责,潘奕帆他们做错了事,就能自觉接受惩罚,张老师相信何峻熙你也可以。现在,我们一起走出去,在那儿当监督员好吗?"他点了点头。

  我牵着他的手,来到了走廊,他就站在那儿完成他的任务——看到其他小朋友有不文明的行为,立刻提醒、制止。

老师如何修炼情绪自控力？

【管建刚】

情绪失控的学生不能遭遇情绪失控的老师，这样只能让事情朝着更糟的方向发展。情绪自控力是一年级老师的第一能力，那么一年级老师该如何修炼呢？

【张　怡】

管老师，一年级老师跟学生交流经常使用"说话"，所以，从"说话"开始修炼情绪自控力。

1. 不说反问句，多用问句。

前几天小张上课总无精打采，他告诉我窗帘有响声，晚上不敢睡。我反馈给家长，第二天家里就给小张安装了新窗帘，小张告诉我很快睡着了，上课也有精神了。

这次上课铃声响，小张还趴在桌上看漫画书，在我不断的眼神提醒下，他才慢慢放好漫画书。自由读环节他趴在桌上，两眼看着书，嘴巴也不动，齐读PPT时，撅着屁股，扯着嗓子，写任务单时，写着写着就把桌兜里的课外书掏出来，偷偷在下面看。下课后，我把他叫到身边，生气地质问："难道今天的这些行为又是因为晚上没睡好吗？"他没有任何反应，侧着身子站着，我继续质问："请你看着我的眼睛，告诉我是还是不是?!"他还是不说话。我意识到了自己是带着情绪在反问，于是改为："你觉得你今天的课上的行为对不对？"他立刻摇了摇头。我握起他的双手，说："上次是因为没有睡好觉，所以课上出现了不好的行为，这次还是因为没睡好吗？"他轻声说："不是。""张老师相信任何事情、任何行为都是有原因的，前两天还夸奖你上课有了很大进步，为什么今天又这样了呢？"我看到他的眼睛有些湿润了，他小声说："因为我特别想看那本书。"我顿时明白了他的一系列行为："喜欢看书是一件非常好的事，但是要在合适的时间看，你说对不对？"他真诚地点了点头说："张老师，我知道了。"

想要控制住自己的情绪，一定不能用反问句去跟学生交流。因为反问句传递了我们的不良情绪，透露出责备和不耐烦，学生由此会害怕，不愿意敞开心扉，那沟通起来就非常困难。要用柔和的问句去打开学生的心扉，问句里流露的是一种关爱，学生也就愿意和我们交流了。

2. 说话控制音量、控制语速。

早上一进教室，管理员小闵和小金跑过来："小余在教室里跑来跑去，小顾和小潘大声说话，提醒他们也不听。"我心中的怒火顿时烧了起来，大声喊道："小余、小顾和小潘你们给我出来。"

我看着小余大声问道："怎么回事，为什么会在教室里跑来跑去。"小余的脸涨得通红，露出了尴尬的神情。我意识到了自己激动的情绪，深吸一口气，放慢语速问道："能不能告诉我是怎么回事呢？张老师都不敢相信自己的耳朵，平常那么乖的你今天竟然这样反常。"小余立刻委屈地说道："英语老师昨天让我们做了个面具带过来，小顾看到我的面具就把它抢走了，我让他还我，他不还。"听到这里我明白了，于是轻声问道："所以你跑来跑去是为了拿回你的面具，是吗？"他用力地点了点头。"那你想想，要拿回你的面具，除了去追小顾，有没有其他更好的方法？"他立刻说道："等你来了，告诉你。"我笑着说道："对啊，这个方法多好。下次知道了吧，学校里遇到事情，第一时间不是自己去处理，而是找老师帮忙，明白了吗？"他真诚地点了点头。

从刚刚跟小余的交谈中我意识到，提高分贝、着急的问话对于解决问题没有任何帮助，反而会导致学生由于害怕而不愿说。要想心平气和地和学生交谈，必须放慢语速，温柔地询问。于是，我温和地询问小顾和小潘："为什么管理员提醒你们，你们不听？"两人你看我，我看你，似乎都有了答案。"你们对管理员有意见吗？"两人同时点头，"有什么意见说来我听听。"小顾立刻说道："有时候我眼保健操做得挺好的，小金还老叫我名字。""而且他们总喜欢朝我们吼，还拉我们衣服。""他们这些行为确实不是很合适，你们告诉我，老师就可以去提醒他们，而不是用不守规矩去斗，对不对？"两人不好意思地低下了头。

看到学生的不良行为，老师往往不由得提高分贝、加快语速。学生强烈地感受到老师的不良情绪，这无助于解决问题，因为学生不敢说话、不敢说实话，怕说错了老师会惩罚他们。看到学生不良行为，老师要停顿两三秒，平复一下自己的情绪后再开口，语速就不会那么快，音量也不会那么大，面部表情也没那么难看，学生也就愿意交流了。

3. 少说"不"，多说"我很理解你"。

学生犯错时，老师的直觉反应是指出问题，学生他们这个不对、那个不应该，正确的应该怎么做，这种方式效果甚微，也有损教师的亲和形象。课上游戏环节，小顾坐在位子上一动都不动，用眼神示意、言语提醒都没有用。下课我询问原因，他告诉我是因为任务二默写词语时好几个没默出来。以前的我肯定会说：词语没默出来就可以不做游戏了吗？你这个做法、想法是不对的。现在，我告诉小顾："张老师非常理解你，因为词语没默出来心里不开心，所以没有心思和大家一起做游戏。"然后我建议小顾不要让坏情绪影响到自己后面的学习。第三天的课上，小顾还是没有全部默出来，但他开心地和大家一起玩起了游戏。一句"我非常理解你"让学生感受到了老师的关爱，老师也由此控制了自己的情绪，修炼了情绪自控力，而学生也由此学会了调整自己的情绪。

管老师，我现在明白了，孩子有出错的权利，因为他们的名字叫"孩子"啊。孩子是成长中的人，不知道如何处理生活、学习、交往中的麻烦，这是很正常的。谁天生会呢？那些会处理的孩子往往是家庭教育比较好，不会处理的孩子往往是没有良好的家庭教育条件，而这些孩子不正是最需要老师的帮助而不是指责吗？

【管建刚】

好好说话是情绪智慧的重要表现。我完全赞同张老师的观点。

附：习课堂新生训练课程

第一天　学口令

任务一

一、读口令

跟老师读口令，老师读一遍学生跟读两遍。

跟读口令要求：像老师那样，不拖调。

1. 安静口令。

○小眼睛，看黑板

○小嘴巴，不说话

○说看某某某，就看某某某

2. 坐姿口令。

○小小手，放桌面

○小身板，挺起来

3. 倾听口令。

○小耳朵，仔细听

4. 表扬口令。

○竖起大拇指，夸夸我自己

○表扬某某某，顶呱呱

5. 读书口令。

○语文书，快打开

○左手压书，右手指字

○时间不到，读书不停

6. 写字口令。

○写字三个一，一寸一拳一尺

○手指，书空

第一天　学口令
配套PPT

7. 作业口令。

○任务单，快打开

○拿出武器，准备战斗

○时间到，全放好

○橡皮，轻轻擦；不擦干净，不动笔

8. 课前、课后口令。

○语文书、任务单，书签书签夹好了

○一换，二对，三推，四捡，上完厕所再喝水

讲解：以后的每一节语文课，我们都要用到这些口令，这些口令不仅能帮助我们管理好课堂常规，还能帮助学生成为一名优秀的小学生。

二、学口令

男女生交替跟老师读口令：老师读一遍，男生跟读第一遍，女生跟读第二遍。

1. 问候口令。

○同学，你好；老师，您好

2. 安静口令。

○小眼睛，看黑板

○小嘴巴，不说话

○说看某某某，就看某某某

3. 坐姿口令。

○小小手，放桌面

○小身板，挺起来

4. 倾听口令。

○小耳朵，仔细听

5. 表扬口令。

○竖起大拇指，夸夸我自己

○表扬某某某，顶呱呱

小结：这节课就学 5 条口令，剩下的以后慢慢学。

三、对口令

师生对口令→男女生交替对口令→老师随机对口令。

1. 安静口令。

○小眼睛，看黑板

○小嘴巴，不说话

○说看某某某，就看某某某

2. 坐姿口令。

○小小手，放桌面

○小身板，挺起来

3. 倾听口令。

○小耳朵，仔细听

4. 表扬口令。

○竖起大拇指，夸夸我自己

○表扬某某某，顶呱呱

师生对口令，如：老师说"小眼睛"，学生答"看黑板"。

男女生对口令，如：男生说"小眼睛"，女生答"看黑板"。

任务二

◎玩口令

师生玩口令→同桌玩口令→男女生比赛玩口令。

1. 老师怎么说，我也怎么说。

老师大声说口令，学生大声答口令。

老师小声说口令，学生小声答口令。

老师快速说口令，学生快速答口令。

老师慢速说口令，学生慢速答口令。

2. 老师这么说，我反着说。

老师大声说口令，学生小声答口令。

老师小声说口令，学生大声答口令。

老师快速说口令，学生慢速答口令。

老师慢速说口令，学生快速答口令。

3. 拍手找节奏说口令。

老师快速拍手说口令，学生快速答口令。

老师慢速拍手说口令，学生慢速答口令。

老师拍手有停顿说口令，学生有停顿答口令。

课中小游戏

跟着视频做：小眼睛，看黑板。小耳朵，仔细听。伸出我的小手上拍拍，伸出我的小手下拍拍，伸出我的小手转一转，伸出我的小手放桌面。

任务三

一、示范"口令＋动作"

以上8条口令，教师进行"口令＋动作"的示范。

二、讲解"口令＋动作"

○小眼睛，看黑板

讲解：老师说"小眼睛"，你们答"看黑板"的同时，眼睛立刻看向黑板，不能再看其他地方了。

○小嘴巴，不说话

讲解：说完"不说话"之后，立刻闭紧自己的嘴巴，不能再说话。

○小耳朵，仔细听

讲解：仔细听，哪怕老师很小声，你也能听到老师说了什么。

○小小手，放桌面

讲解：左手胳膊放在下面，右手胳膊放在上面，手指自然伸开。

○小身板，挺起来

讲解：不趴在课桌上，也不倚靠在椅子上，背部像直尺那样直。双手放在课桌上，右手在上，左手在下。

○说看某某某，就看某某某

讲解：眼睛看某同学，右手在上，左手在下放在课桌上，微微转动上半身，屁股不动。

○竖起大拇指，夸夸我自己

讲解：学生双手竖起大拇指，朝里放在自己的胸前，头左右摆动三下，边摆动边说"夸夸我自己"。

○表扬某某某，顶呱呱

讲解：先有节奏地鼓掌，然后双手竖起大拇指对着表扬的人说"顶呱呱"。

三、练习"口令＋动作"

师生喊口令，学生回口令，并做出相应的动作。

如：

○小眼睛，看黑板

学生说"看黑板"时，眼睛立刻看向黑板。

四、实用"口令＋动作"

情景1：全班学生做低头看书的样子，老师说"小眼睛"，所有学生答"看黑板"，同时全部抬头看黑板。

情景2：课堂上，同桌在讲悄悄话，老师说"小嘴巴"，学生答"不说话"，同时立刻安静。以此类推。

情景3：课堂上，老师要表扬某个同学，老师说"说看某某"，学生答"就看某某"，同时立刻看向某某。老师表扬某某的好的行为。

要求：每个情景口令练习，教师都选出一个做得又快又好的小老师。

五、小老师示范"口令＋动作"。

1. 选出一个"小老师"，老师和小老师合作示范"口令＋动作"。
2. 老师和学生再次操练"口令＋动作"。

任务四

一、交替版"口令＋动作"

交替"动作＋口令"：男生说"小眼睛"，女生答"看黑板"，所有的女生都看向黑板。

交替"动作＋口令":女生说"小眼睛",男生答"看黑板",所有的男生都看向黑板。

交替"动作＋口令":老师说"小眼睛",男女生答"看黑板",所有的学生都看向黑板。

二、速度版"口令＋动作"

1. 挑几个"口令＋动作"又快又好的学生上台,师生合作速度版"口令＋动作"。

2. 请台下的学生挑战台上的几名学生。

注:第一天只要学生知道"口令＋动作"速度要快就可以了。

第二天　认书　认页码　画直线

需要准备教具：直尺、磁吸书签、画直线的练习纸。

任务一

一、学习口令

1. 复习口令。

师生对"口令＋动作"

安静口令

○小眼睛，看黑板

○小嘴巴，不说话

○说看某某某，就看某某某

坐姿口令

○小小手，放桌面

○小身板，挺起来

倾听口令

○小耳朵，仔细听

表扬口令

○竖起大拇指，夸夸我自己

○表扬某某某，顶呱呱

师生对口令＋动作，如：老师说"小眼睛"，学生回"看黑板"并眼睛立刻看向黑板。

2. 学习新口令。

跟老师读口令→师生对口令→"口令＋动作"

○说看屏幕，就看屏幕

○语文书，快打开

二、认识语文书

1. 看图听故事。

第二天　认书、认页码、画直线配套PPT

口令（参考使用）：

○小嘴巴，不说话

○小眼睛，看黑板

○小耳朵，仔细听

师：秋天到了，田野一片金黄，在美丽的田野上，一群可爱的小朋友们正在快乐地放风筝，有彩色的蝴蝶风筝，有漂亮的金鱼风筝，他们跑着、跳着、笑着，多开心呀！

2. 认读封面汉字。

口令（参考使用）：

○小身板，挺起来

○小眼睛，看黑板

○小耳朵，仔细听

投影语文书，认读"语文""一年级上册"。

◎听老师读→跟老师读。

讲解：这是"语文"书。"一年级"是我们所在的年级，每个年级的课本都分为上册、下册。

3. 认识目录。

口令（参考使用）：

○小身板，挺起来

○小眼睛，看黑板

○小耳朵，仔细听

◎投影目录，跟老师读：目录。

讲解："目录"告诉我们这一本书里都有什么内容，在哪一页。每一个方框就是一个单元，每个单元的旁边还配上了一幅漂亮的插图。

4. 数单元。

口令（参考使用）：

○小身板，挺起来

○小眼睛，看黑板

投影目录，教师指一个单元，学生数一个。

讲解：目录的最后还有"识字表"，识字表就是"这学期你们要认识的字"。"写字表"就是"这学期你们要会写的字"。常用笔画名称表、常用偏旁名称表，是以后你们不知道怎么读这个笔画或偏旁，可以到这里找答案。语文书里还有好多好多有趣的知识等着你们去学习呢。

提示：教学中，教师随时用口令组织课堂、组织学生。

三、目录认数字

1. 认数字。

教师出示数字：

一位数，如：1、2、3、4、5、6、7、8、9

两位数，如：11、12、13、21、23、25、32

2. 认目录里的数字。

投影目录，教师示范讲解——

如，一位数：《天地人》后面是 8，所以在第 8 页。（只认数字不翻页码）

如，二位数：《zcs》后面是"36"，由数字 3 和 6 组成，3 在前，6 在后，读作"三十六"，就是 36 页。

提示：随时用口令组织课堂、组织学生。

四、用口令，翻页码

〇语文书，快打开

提示：PPT 出示语文书、任务单的图片，告诉学生页码的位置。

讲解：以后上语文课前，或暂时不用语文书时，语文书都是放在课桌的左上角，老师说"语文书"，你们答"快打开"，同时立刻把语文书拿到正中间，并翻到今天要学的这一页。如今天学《天地人》，语文书这一课是在第 8 页，我们就翻到第 8 页。如果用到任务单，任务单的这一课在第 1 页，我们就把任务单翻到第 1 页。

◎跟老师读口令——教师讲解的同时做示范动作。

提示：教学中，教师随时用口令组织课堂、组织学生。

任务二

一、练习翻页码

第一次练习：

老师说数字→学生翻页码→同桌相互检查。

如，老师说数字：1，3，8，18，38。

注：一般不出现三位数的数字。

第二次练习：

小老师说数字→练习翻页码→小老师、大老师检查。

二、练习翻页速度

1. 练习快速翻到"18页""28页"。

教师先示范一页一页地翻到"18页""28页"。

教师再两三页翻，翻到"18页""28页"。

2. 学生思考并练习怎样可以翻得更快→小老师分享。

如，折角、夹铅笔、夹尺子夹。

教师推荐"折角法""书签法"。

3. 结合口令比赛翻页码。

师：下节课上语文书的53页，请同学们做好课前准备。

学生在53页做好标识后，把书放在左上角，教师喊"语文书"，学生答"快打开"的同时，迅速把语文书拿到正中间并打开到53页，然后立刻左手在下，右手在上在座位上坐好。

提示：教学中，教师随时用口令组织课堂、组织学生。

课中小游戏

两个大拇指，比比一样高，食指碰碰头，中指弯弯腰，无名指来搭座桥，小指最灵巧，拉钩做朋友，人人都夸好。

任务三

一、复习口令

安静口令

○小眼睛，看黑板

○小嘴巴，不说话

○说看某某某，就看某某某

○说看屏幕，就看屏幕

坐姿口令

○小小手，放桌面

○小身板，挺起来

倾听口令

○小耳朵，仔细听

表扬口令

○竖起大拇指，夸夸我自己

○表扬某某某，顶呱呱

拿书口令

○语文书，快打开。

二、学握笔

1. 看视频跟读儿歌。

老大老二不对齐，

手指之间留缝隙。

老三下面来帮忙，

老四老五往里藏。

2. 老师示范握笔。

讲解：大拇指和食指握住笔杆下端，距离笔尖约一寸——两个手指头的距离，中指内侧紧紧贴住笔杆下面，笔杆后端靠近食指第三关节处，不要靠在虎口中央。写字时手离笔尖一寸，人离课桌一横拳头的距离，眼睛离书本一尺（右手握拳，手肘放在课桌上，举起拳头，眼睛看书本的位置不低于拳头即可）。

3. 握笔口令。

跟老师读口令——师生对口令——听口令练握笔。

○写字三个一，一寸一拳一尺

三、学画线

1. PPT 讲解，认识尺子。

讲解：以后所有的画线都要用尺子，尺子的一边是画直线的，一边是画波浪线的，以后题目要求画什么线就画什么线。如果题目没有说画什么线，那就画直线。

2. 两点之间画直线。

教师 PPT 示范两点之间画直线。

讲解：第一步，在纸上画两个点；第二步，用尺子找到这两个点；第三步，左手压住尺子不动，第四步，用笔从左边的点画到右边的点。

示范与强调：①左手压尺要稳。②尺子要在铅笔的下面。③线不要超出所连的点。

提示：教学中，教师随时用口令组织课堂、组织学生。

任务四

◎画直线

1. 练习纸上画直线。

提示：教师注意学生的握笔姿势。

2. 教师 PPT 出示画不直的情况。

提示：让学生知道画线的关键：①左手压尺要稳。②尺子要在铅笔的下面。③线不要超出所连的点。

3. 同桌给对方画两个点，再各自画直线。

要求：同桌画不直了，你要教一教，同桌画得好，你要夸一夸。

4. 画直线比赛。

讲解：一年级我们有很多连线题，如果你的直线画不好或者画得慢，你的时间就会不够用，一定要把直线画得又快又好。

提示：教学中，教师随时用口令组织课堂、组织学生。

第三天　认课文　认生字表　学读书

任务一

一、复习"口令＋动作"

1. 复习。

对口令→口令＋动作。

○小眼睛，看黑板

○小嘴巴，不说话

○说看某某某，就看某某某

○说看屏幕，就看屏幕

○小小手，放桌面

○小身板，挺起来

○小耳朵，仔细听

○语文书，快打开

2. 新授。

跟读口令→师生对口令。

○左手压书，右手指字

○时间不到，读书不停

二、指读课文。

1. 分左右。

跟着老师认识左手和右手。

讲解并示范：一般拿笔、拿筷子的是右手。学生跟着老师伸出左手和右手，左脚和右脚。

2. 学习"指读课文"。

PPT出示语文书《上学歌》，老师示范指读课文。

讲解：坐姿端正，左手轻轻压住书本下部，右手食指指在要读的字的下

第三天　认课文、认生字表、学读书配套PPT

面，指到哪里眼睛看到哪里，一个字一个字指着读过去。

3. 口令＋动作。

〇左手压书，右手指字

师生对口令→口令＋动作→结合口令指读《上学歌》。

注：教学中，教师随时用口令组织课堂、组织学生。

任务二

◎指读课文

1. 学生指读《上学歌》。

指读要求：坐姿端正，左手放在书本的下方轻轻压住，右手食指不远不近地指在字的下面，指到哪里眼睛就要看到哪里，一个字一个字指着读过去。

教师随时纠正指读姿势不正确的学生。

2. 同桌互查指读《上学歌》。

检查要求：①左手压住书，右手指着字。②读书时，手眼口要一致。

跟老师读记要求→左边同学读，右边同学看→右边同学读，左边同学看。

要求：同桌指读有错，你教一教；同桌指读正确，你夸一夸。

3. 指读课文《上学歌》比赛。

A. 请第一排同学比赛指读《上学歌》。第一排同学转向大家。

B. 评选要求：老师评选出前三名，前三名同学示范指读《上学歌》。

注：教学中，随时用口令组织课堂、组织学生。

课中小游戏

左手轻压书本上，右手指在字下方，指到哪，看到哪，嘴巴就要读到哪，手眼口要一致，养成指读好习惯。

任务三

一、复习口令＋动作

〇语文书，快打开

〇左手压书，右手指字

二、认识课文、生字表

提示：PPT 出示语文书上的《金木水火土》。

讲解：①蓝线里的字，要能读出来。

②田字格里的字，要能写正确、写好看。

③这些一段一段的文字，是课文。

三、认识"读课文"

1. 听老师读《上学歌》。

讲解：老师读课文、读生字的时候，学生也要指着字，老师读到哪，学生指到哪。

教师示范读《上学歌》，学生指读。

2. 跟老师读《上学歌》。

讲解：老师读一句，学生跟着读一句，跟老师读得一样。

学生跟读《上学歌》。

3. 齐读。

讲解：全班一起读，不能拖调，要读整齐。

学生齐读《上学歌》

4. 自由读。

讲解：自己读自己的，熟练的同学可以读得快一点，不熟练的同学可以读得慢一点。一遍读完的可以读第二遍，直到老师设置的闹铃声响了，大家马上停止读书，坐端正。

练习：学生自由读《上学歌》1分钟。

注：教学中，教师随时用口令组织课堂、组织学生。

任务四

一、练习"口令＋动作"

○语文书，快打开

○左手压书，右手指字

○时间不到，读书不停

师生对口令→同桌互练"口令＋动作"。

二、认课文、认生字表

1. PPT出示课文和生字表,学生抢答哪部分是课文、哪部分是课文的题目、哪部分是生字表。

2. 左边的同学翻到第80页,右边的同学指出哪部分是课文、哪部分是生字。

3. 右边的同学翻到第82页,左边的同学指出哪部分是课文、哪部分是生字。

三、练习指读课文

1. 听老师读《上学歌》。

要求:学生一边听一边指字。

2. 跟老师读《上学歌》。

要求:学生一边读一边指字,不拖调。

3. 学生齐读《上学歌》。

要求:学生一边读一边指字,不拖调。

4. 学生自由读《上学歌》。

要求:学生一边读一边指字,不拖调。

注:教学中,教师随时用口令组织课堂、组织学生。

第四天　翻任务单　找题目　认题型

任务一

一、复习"口令+动作"

1. 复习。

对口令——口令+动作。

○小眼睛，看黑板

○小眼睛，看屏幕

○小嘴巴，不说话

○小小手，放桌面

○小身板，挺起来

○小耳朵，仔细听

○语文书，快打开

○左手压书，右手指字

○时间不到，读书不停

2. 新授。

跟读口令——师生对口令——口令+动作

○任务单，快打开

翻到第1页。

翻到第3页。

二、认识任务单

◎认识四个任务

PPT出示任务单任务一、任务二、任务三、任务四。

◎跟老师读"任务一、任务二、任务三、任务四"，教师讲解。

讲解：四个任务是以后每节课、每个学生都要完成的学习任务。我们学生课上完成学习任务，就像爸爸妈妈上班完成工作任务。

第四天　翻任务单、找题目、认题型配套PPT

任务一、任务三是"读"的任务，任务二、任务四是"写"的任务。任务二的答案就藏在任务一的"读"里，任务四的答案就藏在任务三的"读"里，所以，认真读任务一、任务三很重要。

三、找题目

1. 认识"大题"。

PPT 出示任务单第 1 页。

根据图片讲解"一、二、三"，就是第几大题的意思。这是第一大题，这是第二大题，这是第三大题。

2. 认识"小题"。

PPT 出示任务单第 3 页。

　　　　　dú yi dú　　tián yi tián
二、读一读，填一填。

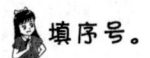

　　填序号。

　　你　　我　　他

1. （　　）是中国人。

2. 老师，（　　）是我爸爸。

3. 妹妹，（　　）上小学了吗？

　　　　　dú yi dú　　quān yi quān
三、读一读，圈一圈。

　　圈出今天学的字。

冰天雪地　　　　你真棒　　　　安全连着你我他

有的大题下面有"1、2、3"的小数字，见图。

有的大题下面没有"1、2、3"的小数字，见图。

有"1、2、3"小数字的，就是大题的第几小题的意思。像这张图就是……

◎教师讲解示范——教师出示图片，请学生回答这是第几大题的第几小题。

提示：教学中，教师随时用口令组织课堂、组织学生。

任务二

一、练习"口令＋动作"

○任务单，快打开。

翻到第5页。

翻到第8页。

要求：翻到后，坐姿端正。

二、练习找题目

比如：

1. 找到第1页的第一大题。

2. 找到第2页的第一大题的第2小题。

3. 找到第3页的第二大题的第3小题。

提示：教学中，教师随时用口令组织课堂、组织学生。

课中小游戏

一二三，爬上山，四五六，翻筋斗，七八九，拍皮球，伸出两只手，十个手指头。

任务三

一、学"口令＋动作"

1. 跟老师读口令→跟老师对口令。

○拿出武器，准备战斗

○时间到，全放好

2. 口令＋动作。

○拿出武器，准备战斗

解释：我们的"武器"就是"铅笔"，我们的"战斗"就是完成作业。

动作：手握铅笔，右手肘和桌面呈直角。教师示范。

训练：教师喊"拿出武器"，学生答"准备战斗"的时候，拿好笔，准备。

○时间到，全放好

解释：每次写作业，我们都有时间规定，这是写作业的计时器（出示），这表示三分钟，这表示五分钟。倒计时开始，时间到会有闹铃声，听到铃声响，要把笔放在笔槽里，直尺放在铅笔的旁边，橡皮放在直尺上面，任务单合拢放在左上角。

动作：笔放在笔槽里，任务单合拢放在左上角。教师示范。

二、学"答题"

1. 连线题。

PPT 出示任务单第 2 页的第一大题的第 1 小题。

　　　　　dú yi dú　　lián yi lián
一、读一读，连一连。

1. 看图连一连。

　　　天　　　　　　地　　　　　　人

A. 跟老师读题目。

B. 教师讲解并示范答题：①连线要用尺子，尺子在下，笔在上；②线要画直；③上下连线，上面的图或字的中间，连到下面的图或字的中间；左右连线，左边图或字的末尾，连到右边图或字的前端。

C. 学生跟读连线要求：①要用尺；②线画直；③不多连不少连。

2. 抄写题。

PPT 出示任务单第 5 页第一大题。

　　　　　xué yi xué　　xiě yi xiě
一、学一学，写一写。

　　　跟着动图书空：一、二。

　　　眼一尺，胸一拳，手一寸。

一：一横长，像扁担，稍稍长，居中线。

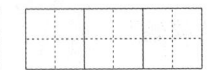

A. 跟老师读题目。

B. 教师讲解并示范答题：上面的范字怎么写，自己就学着怎么写，一边写一边记住这个字怎么写。

3. 判断题。

PPT 出示任务单第 7 页第二大题。

二、听一听，辨一辨。

对的打"√"，错的打"×"。

1. "天—地""上—下"是两组意思相反的词语。　　（　　）

2. "三"字的三横长短一样。　　　　　　　　　　（　　）

3. "上"的第一笔是竖。　　　　　　　　　　　　（　　）

A. 跟老师读题目。

B. 教师讲解并示范答题："√""×"要打在括号里，不能超出括号。

C. 学生跟读"√""×"要求，并当堂写"√""×"。

4. 填序号。

PPT 出示任务单第 1 页第三大题。

三、读一读，选一选。

填序号。

①你　　②他　　③天　　④地

土 + 也 ＝（　　）　　亻 + 尔 ＝（　　）

亻 + 也 ＝（　　）　　一 + 大 ＝（　　）

A. 跟老师读题目。

B. 教师讲解并示范答题：

第一步：序号就是①②③④——写在圆圈里的数字。序号表示的是序号后面的内容。填序号可以节省时间。

第二步：如果上面有 4 个序号，下面有 4 个括号，说明一个序号只能用一次，不能重复使用。

第三步：填过的序号上画一条斜线，表明这个序号已经用过了，不能再填了。

第四步：数字要工整地写在圆圈内，不要碰到圆圈。

C. 学生练习圆圈内写数字。要求：数字不碰圆圈。

提示：教学中，教师随时用口令组织课堂、组织学生。

任务四

一、练习"口令＋动作"

○拿出武器，准备战斗

○时间到，全放好

1. 师生接读口令。

2. 同桌互练"口令＋动作"。

二、练习"答题"

复习四大题型：

①连线题　②抄写题　③判断题　④填序号

1. PPT 出示任务单第 6 页的第一大题。

一、学一学，写一写。

◎跟着动图书空：三、上。

土：一笔竖中线，二笔横中线，三笔长横要写好，顿、横、顿、回收。

教师读题→学生答是哪一类题目→说答题要求。

2. PPT 出示任务单第 9 页的第二大题。

教师读题→学生答是哪一类题目→说答题要求。

　　　　tīng yi tīng　biàn yi biàn
二、听一听，辨一辨。

对的打"√"，错的打"✗"。

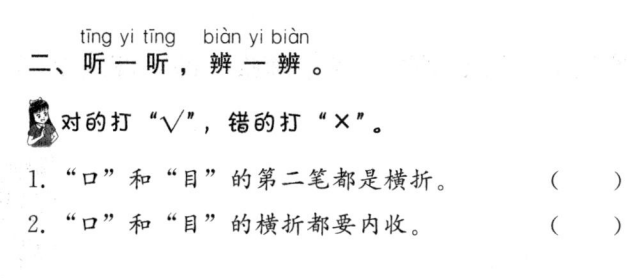

1. "口"和"目"的第二笔都是横折。　（　）
2. "口"和"目"的横折都要内收。　　（　）

3. PPT 出示任务单第 10 页的第一大题。

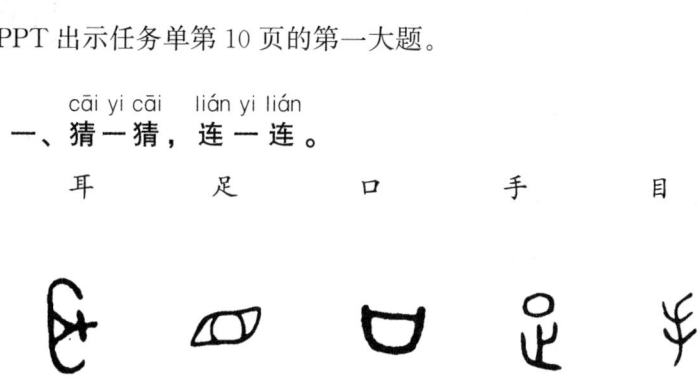

　　　cāi yi cāi　lián yi lián
一、猜一猜，连一连。

　　　耳　　足　　口　　手　　目

教师读题→学生答是哪一类题目→说答题要求。

4. PPT 出示任务单第 12 页的第二大题。

　　　dú yi dú　xuǎn yi xuǎn
二、读一读，选一选。

填序号。

①坐　②站　③卧　④行

（　）　（　）　（　）　（　）

教师读题→学生答是哪一类题目→说答题要求。

提示：教学中，教师随时用口令组织课堂、组织学生。

第五天　认田字格　学用橡皮　课前课后常规

任务一

一、复习"口令+动作"

○左手压书，右手指字

○时间不到，读书不停

○语文书，拿出来

○左手压书，右手指字

○时间不到，读书不停

○写字三个一，一寸一拳一尺

○任务单，快打开

○拿出武器，准备战斗

○时间到，全放好

二、复习握笔姿势

看视频跟读儿歌——复习握笔姿势。

老大老二不对齐，

老三指甲根部托住笔，

老四老五轻弯曲，

笔杆放在老二指根处。

笔尖腕骨手臂一条线，

胳膊分成三小段，

三分之二放桌边，

横向要把手腕摆，

竖向手指伸缩开。

三、认识田字格

跟老师读儿歌→看图片跟读儿歌→教师讲解→跟老师读儿歌。

第五天　认田字格、学用橡皮、课前课后常规配套PPT

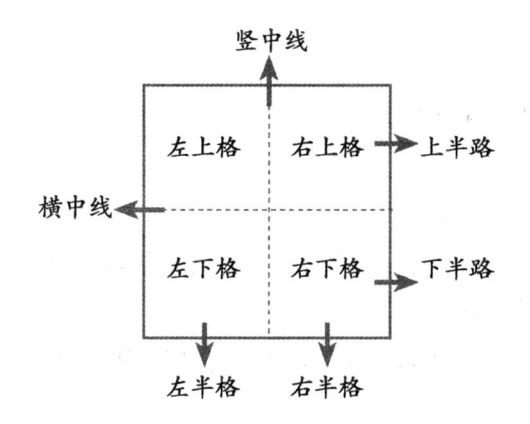

```
        竖中线
         ↑
  ┌──────┼──────┐
  │左上格│右上格│→ 上半路
  │      │      │
横中线←─ ─┼─ ─ ─│
  │左下格│右下格│→ 下半路
  │      │      │
  └──────┼──────┘
      ↓     ↓
     左半格 右半格
```

田字格，四方方
格子里面四个框
左上格，右上格
左下格，右下格
横中线，竖中线
汉字写在正中间
上留天，下留地
左右不要碰到壁
把字写好全靠它

教师在田字格里范写"十"字，并讲解要把字写在田字格正中间，上下左右都要有点空白。

四、学"口令＋动作"

〇手指，书空

跟老师读口令→讲解口令、示范动作→对"口令＋动作"。

讲解：伸出右手食指，手肘放在桌面呈直角，如书空三"三，一笔横，二笔短横，三笔长横，三笔写成三三三"。

提示：教学中，教师随时用口令组织课堂、组织学生。

任务二

一、练习"口令＋动作"

〇手指，书空

书空汉字：一、二、三。

◎师生配合练习"口令＋动作"→同桌配合练习"口令＋动作"

二、练习握笔姿势

◎听儿歌练习握笔→同桌互相检查：左边同学演示，右边同学检查；再反过来。

要求：笔尖、腕骨、手臂，一条直线。

三、看图选对错

对的打"√"，错的打"×"。

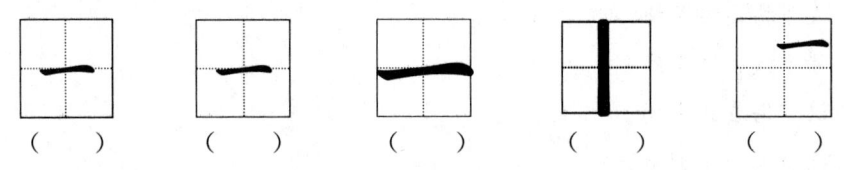

（　）　　（　）　　（　）　　（　）　　（　）

提示：教学中，教师随时用口令组织课堂、组织学生。

课中小游戏

田字格，四方方，格子里面四个框，左上格，右上格，左下格，右下格。横中线，竖中线，汉字写在正中间。上留天，下留地，左右不要碰到墙，把字写好全靠它。

任务三

一、复习口令

1. 复习。

〇写字三个一，一寸一拳一尺

〇手指，书空

2. 新授。

跟读口令→师生对口令。

○橡皮，轻轻擦；不擦干净，不动笔

○语文书、任务单，书签书签夹好了

○一换，二对，三推，四捡，上完厕所再喝水。

讲解：教师说"一换"，学生答"换"；教师说"二对"，学生答"对"；教师说"三推"，学生答"推"；教师说"四捡"，学生答"捡"；教师说"上完厕所"，学生回"再喝水"。

二、学用橡皮

○橡皮，轻轻擦；不擦干净，不动笔

教师讲解→教师示范。

讲解：

一按：左手手指稍撑开，按在要擦去的字的附近。

二擦：右手大拇指和食指捏住橡皮，轻轻向外擦；擦不干净的，可以多擦几遍。

三抖：本子上的橡皮屑轻轻抖在桌面上，不能直接抹到地上。下课扫在手里或废纸上，丢进垃圾桶里。

三、课前准备

○语文书、任务单，书签书签夹好了

教师讲解→教师示范。

讲解：上课前，语文书和任务单要提前夹好书签。任务单比较大，书签统一夹在右下方。语文书在上，任务单在上，整齐摆放课桌左上角。

上课前，准备两支削好的铅笔，放在课桌的笔槽里，直尺放在铅笔的旁边，橡皮放在直尺的上面。

四、课后整理

○一换，二对，三推，四捡，上完厕所再喝水。

教师讲解→教师示范。

讲解：

一换：换上下节课要用的书本，摆放在左上角；

二对：跟旁边的课桌椅对齐；

三推：椅子推进去；

四捡：整理桌面的橡皮屑，捡起周围的垃圾；

提醒学生下课就去厕所，上完厕所洗手回来再喝水。

提示：教学中，教师随时用口令组织课堂、组织学生。

任务四

一、练习"口令＋动作"

○语文书、任务单，书签书签夹好了

师生对口令→师生练"口令＋动作"。

如：教师说"下一节课上识字2《金木水火土》，语文书在第7页，任务单在第4页。"学生夹好书签，摆放好文具书本后，教师说"语文书、任务单"，学生答"书签书签夹好了"。

提示：第一个单元的教学，上课前要告诉学生语文书和任务单所夹书签的页码，后面只要告诉学生今天上哪一课。

○一换，二对，三推，四捡，上完厕所再喝水。

师生对口令→师生练"口令＋动作"。

如：教师说"下一节课是数学课，一换"，学生换好数学书；"二对"，学生对齐课桌椅；"三推"，学生推好椅子；"四捡"，如果地面没有垃圾学生就假装捡垃圾。

二、练习使用橡皮。

同桌互写：①②③√×。再给同桌擦干净。

提示：教学中，教师随时用口令组织课堂、组织学生。

章秋兰：一年级新生
常规训练讲座视频

后记

打开一年级"黑箱"

一年级的"a o e",简单。

一年级的"一二三",简单。

一年级的"1+2",简单。

一年级的儿歌,简单。

一年级的课文,也简单。

然而——

怎么让一年级小朋友排齐队伍?

怎么让一年级小朋友有序走路?

怎么让一年级小朋友对齐课桌椅?

怎么让一年级小朋友保持桌面整洁?

怎么让一年级小朋友整理书包和抽屉?

怎么让一年级小朋友安静有序地吃饭?

不简单。

怎么让一年级小朋友快速翻书?

怎么让一年级小朋友学会指读?

怎么让一年级小朋友学会合作读?

怎么让一年级小朋友读书不拖调?

怎么让一年级小朋友边读边记?

不简单。

怎么让一年级小朋友画好连线？
怎么让一年级小朋友正确使用橡皮？
怎么让一年级小朋友打好√和×？
怎么让一年级小朋友学会标自然段？
不简单。
怎么让一年级小朋友及时交作业？
怎么让一年级小组长快速发作业本？
怎么让一年级小朋友学会订正？
怎么让一年级小朋友写字有速度？
不简单。
怎么让一年级小朋友上课不开小差？
怎么让一年级小朋友从失控中平静下来？
怎么让一年级小朋友上课积极起来？
不简单。
一年级小朋友处于学龄前和学龄期的十字路口。
往前看一眼，那是幼儿园的世界。
往后看一眼，那是小学的世界。
往前看一眼，那是没有作业、没有分数的世界。
往后看一眼，那是作业、考试、分数奔涌而来的世界。
一年级小朋友独自站在这个十字路口。
成人身躯所投下的影子，足以让一年级小朋友的世界阴暗起来。
我们想要驱散这些阴暗，更想让温暖的阳光照进去。
感谢这个伟大的时代。
天南海北的我们每天都可以因互联网聚在一起。
感谢甘肃的薛卉琴、张小玲。
感谢广东的吴春红、张萌霞。
感谢河南的田曼尼。
感谢江西的习雅丽。

感谢云南的武家欣。

感谢四川的杨清蓉、许慧敏、李丹、朱红。

感谢江苏的章秋兰、钱海燕、徐雯、邹思怡、沈宁、胡虹、周静、王琴、李冶、张怡。

我们终于明白,一年级的世界原来是这样的呀。

从此,我们一起心平气和地教一年级。

管建刚

2025年5月,苏州,初夏